本书献给

在焦虑和压力中成长蜕变的中国好妈妈

蕉蕉妈

网名 **偶像是虎妈**

焦虑妈

擅长搜集各路育儿信息，为了让孩子考上名校而发愁、焦虑。

云云妈

网名 **一沙一世界**

佛系妈

“佛系”育儿代表，口头禅：都行，都可以，没关系。

耿耿妈

网名 **老言无忌**

耿直妈

性格耿直，说话一针见血，被称为“谣言粉碎机”。

亮亮妈

网名 **河东狮不吼**

吼叫妈

脾气大，不好惹，孩子一不听话就吼叫，希望自己可以做到不吼叫。

多儿妈

网名 **母慈子孝之二十四节气**

唠叨妈

育儿全靠嘴，唠唠叨叨，但不吼叫，认为说得多孩子自然就能听进去。

小灵妈

网名 **课代表X酱**

学霸妈

喜欢收集各路育儿信息，熟读《沐阳上学记》，擅长解答难题。

《72招轻松家教（上）》编撰人员

创意出品：非吼叫妈妈俱乐部
总 策 划：李晓明

执行主编：李连连
执行副主编：董卫娟

编写人员：
李连连　董卫娟　方　芊
王静宇　赵　研　闫　兰
武秀峰　李　婷　杜燕鸿
王一涵

特约企划：林潍克　李　婷
宣传外联：方　芊　朱玥玥　刘　明

非吼叫妈妈俱乐部 编著

72招轻松家教（上）

时代出版
时代出版传媒股份有限公司
安徽少年儿童出版社

图书在版编目（CIP）数据

72招轻松家教（上）/非吼叫妈妈俱乐部编著. — 合肥：安徽少年儿童出版社，2021.6
ISBN 978-7-5707-1118-5

Ⅰ.①7… Ⅱ.①非… Ⅲ.①儿童教育－家庭教育 Ⅳ.①G782

中国版本图书馆CIP数据核字（2021）第088171号

72 ZHAO QINGSONG JIAJIAO SHANG
72招轻松家教（上）　　非吼叫妈妈俱乐部 编著

出 版 人：张 堃　　策　划：阮 征 张 琪　　特约创意：李晓明
责任编辑：阮 征 张 琪　　责任校对：徐庆华　　责任印制：朱一之
出版发行：时代出版传媒股份有限公司 http://www.press-mart.com
安徽少年儿童出版社 E-mail:ahse1984@163.com
新浪官方微博：http://weibo.com/ahsecbs
（安徽省合肥市翡翠路1118号出版传媒广场　邮政编码：230071）
出版部电话：（0551）63533536（办公室）　63533533（传真）
（如发现印装质量问题，影响阅读，请与本社出版部联系调换）
印　制：安徽新华印刷股份有限公司
开　本：710 mm×1000 mm　1/16　插页：6　印张：13.75　字数：150千字
版　次：2021年6月第1版　2021年6月第1次印刷

ISBN 978-7-5707-1118-5　　定价：46.00元

序　言

专治“不想吼孩子，脾气上来忍不住”的良药

非吼叫妈妈。

搞定不完美小孩。

只看这两个短语，你会不会不太相信？

比如我，当妈七年了，钻研育儿七年了，也算一个在育儿界有一点点影响力的作者了，但我还会时不时就吼叫，总会有很多搞不定女儿的时刻。

就在前几天的一个晚上，我在整理换季衣物时，女儿小 D 在我旁边“妈妈、妈妈”一声声地叫着。我着急想把那一摊衣物收拾好，就有点不耐烦了，忍不住对她说：“你好烦啊，能不能找你爸爸去呢？”

小 D 嘟着嘴巴走出卧室，我听到她对爸爸说：“爸爸，妈妈今天又变成巫婆了，会喷火的那种。”听到这里，我不禁笑了。

我想起心理学家荣格曾经说过，所有母亲身上都有巫婆和圣母的成分，只是程度和比例不同。

可不，当妈的哪有没变身成巫婆的时刻呢！我当妈妈

这七年最用心学习的课题就是如何减少吼叫，让自己身上少一点“巫婆”的成分。

因此，当拿到非吼叫妈妈俱乐部编著的《72招轻松家教》时，看到本书提倡的“搞定不完美小孩”理念时，我就迫不及待打开了，但同时也充满了疑问：俱乐部里的妈妈真能做到完全“非吼叫”吗？孩子真能完全被“搞定”吗？

抱着这样的心情我打开了这本书，结果一看就没停下来，一口气看完了。合上后，心情很激动，我发现我并不只是“学到了”这么简单，而是有了一种“不孤单”的感受。

对，每个妈妈都有疑问，我们真的可以不吼叫吗？真的能搞定孩子吗？而这正是我喜欢这本书的原因，因为这本书所有的内容都是“真”的。

1. 真案例

这本书里的所有故事都是脱胎于萧萍教授历时七年时间跟踪儿子成长而写下的《沐阳上学记》。换句话说，这本家教书并不是为了要讲一个道理而去“找”例子，而是展现了一位母亲在现实生活中真真实实遇到的问题。

孩子不敢上台怎么办？要不要当班干？怎么帮助孩子练琴？为孩子的身高而焦虑怎么办？每一个问题都让我非常有共鸣，好多次我都有一种“在我家装了监视器”的错觉。而正是因为案例“真”，自然就更能让我读得进去，愿意读下去。

2. 真实操

这本书不抖书袋子，没有高高在上的理论说教，它不会一股脑地对你说要共情，要“看到”孩子，要“非暴力沟通”。它会用沐阳和沐阳妈妈之间曾经真实发生过的一个个故事，来向我们展现亲子沟通之间的智慧。

读这本书时，就感觉沐阳妈妈好像在我旁边，就像我邻居家的姐姐，用她的智慧来和我们分享经验，给我们支着儿。

3. 真情感

这本家教书是有温度的，这份温度来自母亲的爱。我相信任何花心思认真陪伴过孩子的妈妈都能明白，道理懂得再多，那都是冰冷的。真正让我们和孩子产生联结的，是我们因为爱而去学道理，因为爱而去努力提升自己的初心。

而这正是我在这本书里真切感受到的，它不是传统意义上的家教类书籍，更多的反而是在告诉我们作为父母应该如何去爱，如何聪明地爱。

读完这本书，我最初的两个疑问也就打消了。

成立非吼叫妈妈俱乐部，并不是说我们作为妈妈们就一定不能吼叫，而是我们凭着对孩子的这份爱，都愿意去探寻“非吼叫”的终极答案，而这个探寻过程本身，就已经足够有意义了。

“搞定”孩子，并不意味着孩子再也没问题了，而是通过探寻“非吼叫”之路，我们真正“搞定”了父母的定位。那就是育儿本来就是“关关难过，关关过”，在陪伴孩子过五关斩六将的过程中，我们也收获了快乐，收获了自己和孩子共同的成长。

感谢非吼叫妈妈俱乐部撰写的这本书，让我们看到了作为妈妈，我们都一样焦虑、一样有压力。

希望伴随着这本书，我们一起拥抱焦虑和压力，加上恰当的方法和真诚的陪伴，找到和孩子一起成长蜕变的力量！

大 J

国际融合教育专家

百万育儿畅销书作者

百万公众号“大 J 小 D”创始人

目录

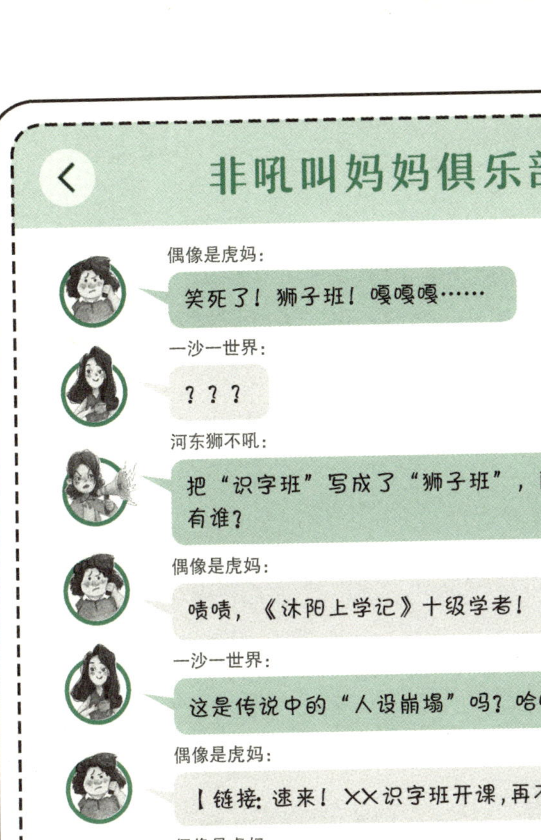

非吼叫妈妈俱乐部

偶像是虎妈：

笑死了！狮子班！嘎嘎嘎……

一沙一世界：

？？？

河东狮不吼：

把“识字班”写成了“狮子班”，除了学霸本尊还有谁？

偶像是虎妈：

啧啧，《沐阳上学记》十级学者！

一沙一世界：

这是传说中的“人设崩塌”吗？哈哈！

偶像是虎妈：

【链接：速来！XX识字班开课，再不来抢就晚了！】

偶像是虎妈：

别哈哈了，各位，还不赶快抄作业！我家这识字班得赶紧安排上了！来看看这个兴趣班怎么样？拼个团？

一沙一世界：

呃……我家是野蛮生长……

偶像是虎妈：

坐等打脸！大神指点一下呗！@课代表X酱

课代表X酱：

好嘞，马上看！

河东狮不吼：

呃……

一

不上识字班，怎么学认字？

一到升学季，即使是平时再“佛系”的妈妈，也会忍不住纠结，到底要不要给孩子报识字班？其实在沐阳上幼儿园时，沐阳妈妈也遇到过类似的困扰。直到有一天，沐阳开始闹着说要上“狮子班”，才点醒了沐阳妈妈，识字的教育时机就这样到来了——在平时与沐阳的交流与对他的观察中，沐阳妈妈抓住小孩子独有的好奇心和求知欲，逐渐找到一些妙招，引导沐阳一边玩一边识字。

由难到易，用“齉”打开新世界的大门

许多家长觉得识字是一件很难的事，一般都会让孩子从最简单的“大、小、多、少”开始学习。但沐阳偏偏被一个有着36个笔画的长相奇奇怪怪的汉字——“齉”迷住了。当沐阳妈妈发现沐阳是在用游戏的心理探究时，她顺势将识字变成了游戏，教沐阳认识“识字游戏关卡大BOSS”——齉！

沐阳妈妈先为沐阳提供“闯关”的好工具——《新华字典》。有了这个“武器”后，沐阳在读音、笔画、书写等多方面加满技能点后疯狂输出；沐阳的“识字兴趣”一路飙升，抵住了枯燥的“认字任务”的猛烈攻击，最后完成一个拼图小游戏，顺利闯关，字也学会了！

其实识字在孩子眼中，并没有大人想象得那么难，没有被识字班“毒打”的沐阳，不觉得识字是一项任务，反而觉得很有趣。

看不见的准备，书写的基础是“鬼画符”

与英文相比，汉字笔画多，学习起来更困难。“填鸭式”的教学方法可能有短时间的效果，却也容易让孩子产生厌学情绪，得不偿失。

当孩子产生书写欲望时，不妨让他试着先玩一些“鬼画符”游戏。对低龄的孩子来说，游戏是他们重要的学习方式之一。通过拼图和绘画来学习晦涩难懂的方块字，孩子更容易接受。

沐阳为了能和同学们一起上“狮子班”，可没少展示自己“画字”的本领。他经常比着书上的样子，把一些简单的汉字画出来。有一次，沐阳在家里到处画“米”，让妈妈哭笑不得，但教授妈妈依然加入涂涂抹抹的行列，陪沐阳一起写写画画。

这些看似无关的图画游戏，其实都是在为正式书写做准备。图画游戏不仅能让孩子感受汉字结构，也可以锻炼孩子的手部肌肉。孩子在某个阶段会产生强烈的书写欲望，这时妈妈们就可以适时地提供一些支持，比如提供笔、画板、纸，等等，放在他们随手可以拿到的地方，满足孩子书写的欲望，保护好他们对书写的兴趣。

“真香”警告，奥特曼比字卡更有效

市面上流行着许多识字方法，比如上识字班和使用识字卡、识字 APP（手机软件）、描红字帖等，不是说这些方法不好，而是如果孩子不感兴趣，可能就是在做无用功。就拿上识字兴趣班来说，很多孩子去了兴趣班反而对学习失去了“兴趣”。

实不相瞒，沐阳的识字启蒙老师其实是奥特曼！沐阳小时候很爱读奥特曼的故事，会翻来覆去地看图画书，他也非常愿意主动去学习书中的生字。遇到看不懂的地方，他经常问妈妈这个字怎么读，那个字是什么意思。不知不觉中，他就认识了不少字。

后期，开始系统地学习认字时，这些无意识的积累就起到了唤醒作用，沐阳不仅没有落后，反而比其他孩子学得更快。谁能想到奥特曼不仅能打怪兽还能教小朋友认字呢！

不管是英文还是中文，在孩子们眼里其实都是符号，感受符号的含义比死记硬背符号的形状有意思多了。持续地阅读是识字的最好方式，选孩子喜欢的图画书作为阅读材料，在亲子阅读前做好功课，挑选出符合孩子认知的生字，用手指着重复读给孩子听。几次这样的阅读活动后，孩子就能记个大概了。试一试，不光奥特曼可以教孩子认字，说不定迪士尼公主、漫威的超级英雄们也可以！

非吼叫妈妈俱乐部亲子部　李连连　供稿

共读时光：参看《沐阳上学记·1·快跑啊，裤子人》之《叮，故事开始了》。

非吼叫妈妈俱乐部

河东狮不吼：
火冒三丈，孩子又迟到，被老师批评了！！！

偶像是虎妈：
哎哟，你家神兽这是第N次了吧！

河东狮不吼：
早上不起床，掀他被子，20分钟掀了三次才勉强睁开眼睛。

母慈子孝之二十四节气：
哈哈哈，我家的一样不起床。我在床边吓唬他，跟他说再不起床今天要被罚站了，他还闹脾气。

老言无忌：
有了孩子以后，每天早上都是噩梦啊。

课代表X酱：
为了避免这个问题，大家可以提前10分钟叫孩子起床呀！

河东狮不吼：
难呀，难呀，之前我为了快速给他穿衣服，直接把他从被子里拎出来，结果起床气大得不得了，跟我大哭大闹，我就大吼大叫。

一沙一世界：
哈哈哈，一大早就上演亲子大战。没关系，别在意，大一点就好了。

河东狮不吼：
太难了！

二

孩子总是起床困难怎么办?

对家长来说，每天早上叫孩子起床都是一场战斗，孩子叫不醒，醒了哭，哭了还发脾气，就算父母们胜利了，最终也是以孩子的哭哭啼啼收尾。现在很多父母都感叹：有了孩子以后，家里的烦恼怎么就这么多呢！沐阳妈妈也一直为沐阳的起床问题而烦恼，沐阳就是一个典型的有“起床困难症”并带有起床气的孩子，但是在一次偶然的起床大战中，沐阳妈妈发现了一个小妙招。她时刻关注孩子的语言和好奇心，她给沐阳穿衣服的时候，因为把裤子拉得太高，引出了“裤子人——不拉拉”的话题，调节了沐阳的起床情绪，迎来了一个开心愉悦的早晨。

“第一时间情绪操”，减少孩子起床负面情绪

从心理学上说，“第一时间情绪”是指我们遇到一件事情时第一时间所产生的情绪，这种情绪一般具有时间上的延续性。从日常生活来看，我们的第一情绪就是起床情绪，

我们的起床往往伴着“起床气”。在心理学上，“起床气”有一个对应名词，叫作“睡眠惯性”，是指人被唤醒后立即出现的暂时性的低警觉的行为紊乱，以及认知能力、感觉能力下降的状态。

一日之计在于晨，孩子起床时的第一时间情绪是非常重要的。它会延续到上午第一节课，甚至一整个上午。对一个孩子来说，没有什么比情绪更重要。

我们很多父母叫孩子起床的时候，往往是用迅速拉开孩子房间的窗帘、扯被子、大声叫喊等粗暴的方式，这些方式有一个专门的名词——“杀伤性叫醒”。沐阳妈妈之前也是如此，其实这个时候沐阳已经在心里默默地说：好烦好烦——我绝对不要起床！

深究孩子第一时间情绪差的问题，会发现这其实就是一个关于“时间”的问题，因为早上的时间比较紧张，孩子没有足够的时间将状态从“睡眠”调整到“清醒”，所以会伴有起床气。

如何做好“第一时间情绪操”呢？其实很简单。父母在叫孩子起床的时候可以尝试换一种方式。早上提前5–10分钟去孩子房间，先轻轻地拉开窗帘，让光缓缓地进入房间；接着跟孩子聊聊天，可以跟孩子聊聊早上给他做的香喷喷的早餐，同时放一些孩子喜欢的动画片主题曲，或者是轻音乐，让孩子慢慢地醒过来。

让孩子慢慢苏醒，而不是惊醒他们，能减少孩子起床的负面情绪。做好“第一时间情绪操”，那后面的事情就会事半功倍哟！

给孩子穿衣，也能成为一场童话式的起床游戏

孩子慢慢苏醒之后，接着就要穿衣服。春夏天还好，但是一到秋冬天，穿衣就是难上加难，孩子更不愿意把手脚伸进冰凉的衣服里面了，他们都是一群被床封印住的“小神兽”呀！但是，父母又不得不把孩子拎出来穿衣服，这时候穿衣就会变成一场“恶战”，所以，我们要学会转移孩子的注意力。

我们可以从孩子的言语、行为动作和孩子喜欢的玩具等角度，去挖掘孩子身边的童话元素，用童话来缓解孩子的起床焦虑。

沐阳上小学之后，就得 6 点 40 分起床。但是沐阳妈妈不会因为沐阳起床时的哭闹而大吼大叫，而是耐心听着孩子唠唠叨叨的抱怨，她突然发现孩子童真的话语里，蕴含着有趣的童话事件。

沐阳妈妈给沐阳穿裤子，沐阳总是觉得裤子拉得太高了。沐阳说：“为什么要把裤子拉得这么高，为什么？你拉吧拉吧，一直拉到我的头上，蒙住我的脸，蒙住我的头！”沐阳妈妈一听，哈哈哈，那不就成“裤子人”啦！这多么有趣呀！

沐阳妈妈用“裤子人——不拉拉”这个话题设计了一场童话游戏。沐阳在童话中找到属于自己的角色，扮演裤子人。沐阳妈妈用童话游戏陪伴沐阳起床，并将游戏延续

到早餐时间，直到沐阳出门去上学，这样一整个早上的气氛都是轻松愉悦的。

父母可以在与孩子的日常互动中创造各式各样的童话人物，比如，衣衣人、袜子人、帽子人……发挥你们的想象力，给孩子们打造一场童话式的起床游戏吧，这样让孩子起床就会容易很多。可不要小看这些看似简单的童话，它们其实蕴含着生活的大智慧，不仅可以让孩子开开心心地起床、穿衣、吃早饭，还能在不经意间激发孩子的想象力。

立规矩，早睡早起，养成习惯

从小学开始，父母们要意识到，会有一个叫做“规矩”的词出现。因此，在孩子起床这件事上，我们也应该逐步给孩子立好规矩。

首先，我们要帮助孩子养成早睡的习惯。孩子进入小学以后，大概每天做家庭作业都要花费一个多小时的时间。作为父母，需要合理安排好孩子的时间，协助孩子尽早完成作业，让孩子晚上能够早一点上床睡觉，保证孩子拥有充足的睡眠。

其次，我们在生活中要培养孩子的时间观念，可以先从简单的概念入手，比如加强孩子对四季、日期、早上、中午、晚上、时、分、秒等的认识。父母在跟孩子相处的过程中，也要以身作则，做到守时，让孩子意识到树立时间观念的重要性。

最后，孩子要学会为自己的行为承担后果，家长要给孩子足够的外在支持，培养孩子内在的责任心；要让孩子知道，如果早上因为自己赖床而迟到的话，必须自己去跟老师解释，做到为自己负责。相信孩子，无论是在起床问题上，还是面对其他问题时，他们都会做得很棒！

非吼叫妈妈俱乐部亲子部　方芊　供稿

共读时光：参看《沐阳上学记·1·快跑啊，裤子人》之《快跑啊，裤子人》。

非吼叫妈妈俱乐部

偶像是虎妈：

姐妹们，急死我了！

河东狮不吼：

咋啦、咋啦？

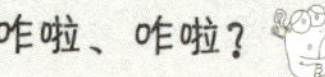

偶像是虎妈：

我家孩子见到生人都躲我背后，而且半天憋不出一个"屁"，问他什么他都是点头或者摇头！

一沙一世界：

没关系@偶像是虎妈，性格以后会变的。

母慈子孝之二十四节气：

你跟他多说说，让他有什么想法可以直接说出来，你力挺他。

河东狮不吼：

说有什么用，我家那个爱说，就像养了一个唐僧，整天唠唠叨叨的。

老言无忌：

@偶像是虎妈，这个问题还是需要慢慢引导的！

老言无忌：

@偶像是虎妈@河东狮不吼，你们家就是一个水娃，一个火娃。

课代表X酱：

对待胆怯、害羞的孩子，确实需要更多耐心。

一沙一世界：

还是稳稳当当地来吧，不要着急，没关系！

三

孩子胆怯、害羞，如何正确引导孩子走出第一步？

胆小、内向、害羞的孩子，在日常生活中往往表现得十分安静、听话，胆小、内向、害羞与活泼、冲动等其他性格特点一样，在人的成长过程中不是固定不变的。父母在孩子的成长过程中扮演着很重要的角色，在教养的过程中，父母只做到接纳和等待并不够，还应该主动向孩子施以援手。沐阳在日常生活中也是一个害羞的孩子，沐阳妈妈通过三个方法，帮助孩子逐步改变害羞的心态。

“去办公室倒热水”，给孩子简单的破冰小任务

对待害羞、胆怯的孩子，最重要的是帮他跨出第一步，这需要父母适当参与。父母可以通过给孩子布置任务，让孩子慢慢闯关，慢慢成长。给孩子布置什么样的任务，这对父母来说也是一个挑战，沐阳妈妈把生活中的小事当作孩子的破冰任务。

开学第一周，沐阳妈妈给沐阳布置了一个任务，要求

沐阳去办公室倒一杯热水。这看起来是一件很简单的事情，但对害羞的孩子来说是有一定难度的。因为害羞的孩子往往很难跨出自己内心的第一步，他们对外在环境很敏感，会倾向于在不打破平衡的情况下默默展现自己。

在日常生活中，倒水是一件简单的事。孩子们会觉得只要稍微跨出一小步就可以做到，所以孩子是愿意去跨出这第一步的。

父母应该花更多巧妙的心思，让孩子从生活中的小事入手，增加孩子的社交活动，多带孩子出去认识新朋友，带孩子一起玩游戏，让孩子的心智得到成长。当然，也可以让你的孩子尝试去办公室倒杯热水哟！

不在意任务的成败，聆听孩子的努力

万事开头难。教育孩子不能操之过急，我们要尊重并理解孩子。给孩子布置任务，如果孩子没有达到父母的心理预期，千万不能对孩子说“这有什么可怕的”“你怎么这么害羞”“你怎么这么没用”，尤其在公共场合，这样的语言对孩子的伤害很大，因为越是胆怯、害羞的孩子往往越敏感。父母要做的是鼓励，跟他说：“你很棒，你是最棒的，爸爸妈妈都相信你可以的！”

沐阳妈妈让沐阳去办公室倒热水，沐阳去了五次，一次都没有成功。沐阳妈妈没有质问沐阳，你为什么没成功，而是聆听沐阳讲述他的五次“倒水历险记”。沐阳说第一次倒水经历的时候，还有些胆怯，怕沐阳妈妈说他，但是沐阳妈妈却很平静地问他后面几次的经历。沐阳妈妈让沐阳充分表达他内心的想法，她也借此了解沐阳所做的努力。

我们要明白，结果往往是最不重要的，父母要做的就是给孩子指明正确的成长方向。沐阳虽然五次都失败了，但是他勇敢踏出了第一步，而且每一次都离成功更近一些了。这五次倒热水的过程，每一次都是沐阳对自己内心的胆怯和害羞的突破。

父母要多聆听孩子，多关注孩子做出的努力，不要强迫孩子，一次不行还可以再来一次，让孩子不断进行尝试，慢慢地成长。

接纳孩子的性格，营造温馨的家庭生活氛围

接纳孩子，不要过分焦虑。父母的情绪会直接传达给孩子，如果你因为孩子的胆怯和害羞而充满焦虑，并且把焦虑时刻展现在日常生活中，那孩子就会接收到你的情绪信号，这只会加剧孩子的胆怯和害羞。我们需要给孩子带去温暖和鼓励。同时，我们要明白形成害羞性格的原因有很多，父母要反思造成孩子胆怯和害羞的外在原因，从自身找问题。沐阳妈妈会反思，沐阳的胆怯或许不仅来自先天，也和成人的过多包办有关。害羞、胆怯的孩子，会受到家人的格外关照，家人会处处帮孩子准备好、安排好，孩子与外界接触的机会就变少了。

父母要给孩子营造一个温馨的家庭氛围。因为有爱的家庭会带给孩子安全感，孩子也更乐意跟父母交流。在日常生活中，沐阳妈妈要求沐阳和沐阳爸爸每天多喝水，最好一天喝八杯水，当沐阳妈妈这样跟沐阳爸爸说的时候，沐阳爸爸说：“我哪能装这么多水，我又不是热水瓶。”沐阳听到之后，也跟着说：“我哪能装这么多水，我又不是热水瓶。”然后沐阳妈妈说：“好好，李晓明、李沐阳，你们这两个一模一样的——不装水的热水瓶！”相信当孩子处在这样一个温馨、轻松、愉悦的家庭氛围中，他们的性格会更积极、乐观。

非吼叫妈妈俱乐部亲子部　方芊　供稿

共读时光：参看《沐阳上学记·1·快跑啊，裤子人》之《办公室里的热水怪》。

非吼叫妈妈俱乐部

河东狮不吼：

我家娃又哭又哭又哭了，我真是束手无策了。

一沙一世界：

怎么回事呢？遇到什么问题了？

偶像是虎妈：

还不是因为在学校没有小伙伴啊！小朋友的友情，真是搞不懂，搞不懂呀！愁啊……

母慈子孝之二十四节气：

小孩交朋友顺其自然就好了，别总是操闲心。

河东狮不吼：

难道让我给他凭空变出个朋友吗？小魔兽再每天不出门待在家，我就真的要暴走了。

偶像是虎妈：

你不如学电视上那样，花钱给你家孩子雇个朋友？哈哈哈……

一沙一世界：

啊？这都可以？

偶像是虎妈：

当然是玩笑话了，不过孩子交朋友确实挺重要，得好好谋划一下。

课代表X酱：

各位妈妈别心急……其实孩子交朋友很简单，不过呀，方法很重要！

四

如何帮孩子融入集体，交到朋友？

每个人都有自己的社交圈、朋友圈，当然，孩子也有；孩子的社交圈起到的作用不容小觑，孩子在和同伴的交往中会逐渐拥有自我意识。小沐阳刚步入校园，就遇到交友难题——大家都有好朋友，为什么我没有？敏感的沐阳妈妈知道，孩子进入社交阶段了。对于来到陌生环境的沐阳来说，帮助他建立起“情感依附”的环境尤为重要。沐阳妈妈的多次参与促使她很快地把握了这个问题的核心，并迅速打入孩子内部，成为孩子们亲密关系的“黏合剂”。

角色扮演，让孩子们打开心门一同玩耍

当孩子一回家就告诉你，他在学校没有交到朋友，大多数父母都会忧心不已，担心是自己的孩子出现了问题，受到了排挤，其实事情远没有这么严重。在孩子遇到交友危机时，父母可以做一个有用的“工具人”，适度参与孩子的交友过程，帮助孩子开拓朋友圈。

沐阳刚上学时遇到了社交困难，沐阳妈妈就用故事打开了局面。沐阳妈妈借用故事阅读课，在课上给大家讲述《好朋友》的故事，每个孩子都无法抗拒角色扮演游戏，灵动的毛尖尖、双胞胎拖鞋……故事阅读课成为大家的“萌宠”认领现场，同时也成为孩子们友情的橄榄枝，成功敲开了小朋友的心门。毕竟，很多友情都是从“Say Hi”（说“你好”）开始的，只要有话说，朋友自然就来了。

通过游戏中的角色扮演，让孩子们懂得友谊是可以建立的，要靠包容心，靠万物相依的平等、尊重和温暖来获得。父母在这个过程中一定要知道，最重要的是让孩子们在游戏的过程中熟悉彼此，游戏的结果不重要。

作为成年人，父母其实早已忘记尽情游戏的酣畅淋漓，而在孩子眼中，玩游戏就是他们生活的重中之重。通过团体小游戏，孩子们在不断接触、交往的过程中，他们之间的感情也会越来越牢固，交到朋友就变成自然而然的事情啦！

家庭小聚会——孩子们感情发展的“神助攻”

现在的小朋友多数是独生子女，从小缺少玩伴，是非常孤独的。父母始终无法替代同伴的作用。其实，孩子正是在共同的游戏和玩乐中获得成长的。一味地约束孩子进行呆板的学习是不可行的。

在学校以外的地方一起玩耍，共度欢乐时光正是孩子们彼此熟悉、建立友谊的好办法。为了让沐阳身心愉悦，并与伙伴们的关系更上一层楼，沐阳妈妈鼓励沐阳向小伙伴们发起春游的邀约。在美好的光景中，不仅是孩子开心，大人们的身心也得到了极大的放松。

孩子们的接触正是友谊建立的关键所在。父母要帮助孩子更好地了解人际交往的技巧，让孩子能够交到好朋友，形成一个良性的朋友圈。大人们之间的良性互动，对孩子来说具有示范作用。

其实，在孩子心中，交朋友是件极其单纯的事情，只要情投意合即可。在这个阶段，父母要做的就是帮孩子确定交友方向，让孩子以平等的方式寻找朋友。父母一定要相信孩子的交友能力，只需要搭个桥，孩子就可以在桥上顺利通行了。父母也不用太过担心，只要让孩子保持自己的天性，做自己，就会交到好朋友。就像沐阳一样，凭借自己的小魔术，成功地在小朋友们中打开了新天地。

对不喜欢的行为说“不”，交友也要有原则

中国是礼仪之邦，我们常常教导孩子要乐于助人，心怀善意，并教导孩子分享是一种美德，并且不允许孩子有任何“自私”的行为。

殊不知，一味地退让，忽视自己的需求，是一种自我价值感低的表现，长此以往，还会形成一种讨好型人格。一味地迁就与讨好，只会让孩子慢慢失去自我，越来越软弱，容易吃亏、上当受骗。

当沐阳告诉沐阳妈妈，他在学校被吴肖篮（男孩）用亲亲表达友好之后，沐阳妈妈心里瞬间咯噔一下，她先冷静下来，因为她知道，此时孩子的行为是无意识的，他们并不知道如何表达好感和把握表达的分寸；其次，她告诉沐阳，当遇到自己不喜欢的行为，是可以“Say No”（说“不”）的，让孩子知道，尊重自己内心的感受也是很重要的。

教孩子学会拒绝，让孩子自己做决定，引导孩子自由表达想法，让孩子了解拒绝是指向事情而非针对人。当沐阳友善地向吴肖篮表达了他的感受之后，两个人的友情并没有受到影响，因为拒绝不仅是对自己的保护，还可以帮助两人获得健康的友谊。

父母在帮助孩子建立朋友圈的同时，也要教会孩子无敌意、无羞愧地拒绝别人，毕竟敢于做自己才能拥有健全的心理。

非吼叫妈妈俱乐部亲子部　董卫娟　供稿

共读时光：参看《沐阳上学记·1·快跑啊，裤子人》之《谁是谁的好朋友》。

非吼叫妈妈俱乐部

河东狮不吼：

【红包：恭喜发财，大吉大利】

一沙一世界：

今天是什么好日子？

河东狮不吼：

神兽这次进封神榜了，选上中队长了！

偶像是虎妈：

恭喜恭喜！坐等一个中队长的经验……

偶像是虎妈：

还别说，只要胳膊上带着杠，看起来就是不一样！

老言无忌：

有啥不一样？能保送北大吗？

河东狮不吼：

不能，但是可以体验一下当班干的感受。

偶像是虎妈：

说不定能上剑桥，指路《苗苗小队长》。

老言无忌：

小队长怕是不能满足你。

母慈子孝之二十四节气：

从小到大都是课代表，生活就是这么平淡无奇且枯燥。

五

孩子要不要当班干？父母应该怎么帮忙？

“一道杠、两道杠、三道杠……”这些词父母们一定不陌生！选班干可是班级里的大事，全员参与、投票表决，没有参与竞选的孩子也能过一把做班级小主人的瘾。内向、害羞的沐阳一年级时做过小队长，对于怎么鼓励孩子做班干部，沐阳妈妈有她的办法——只简单做了三件事，就让原本内向的沐阳在当上小队长之后，主动对当中队长发起挑战。

不对孩子有过高的要求

沐阳是个性格温和的孩子，从小就不争不抢，是典型的“不想当将军的士兵”。佛系的沐阳妈妈觉得这样也没什么不好，沐阳做个“好士兵”也挺好。不过沐阳在二年级时却意外当选为小队长，也成了肩膀上有“杠”的人。

这个小插曲倒满足了沐阳妈妈一直以来的“小心愿”——要是沐阳能当个小组长、小队长就好了。可能很多人会觉得，这算什么心愿，对孩子的要求也太低了吧！当真是佛系妈妈对孩子毫无要求吗？其实不然，沐阳妈妈给沐阳的定位，是基于对沐阳能力和性格的了解，而不是对沐阳完全没有要求。

当班干部当然有不少好处，比如能让孩子多方面的能力得到锻炼，但如果孩子不愿意或是让孩子产生巨大的压力，父母还强烈要求孩子当班干往往会适得其反。给孩子布置一些带一点挑战性，又不超出孩子能力的任务最合适，俗话说“跳一跳，够得到”。一个组或一支小队伍需要管理的人不多，又有适度的责任，这太适合沐阳了！果然，内向的沐阳在接到小组长这个任务后，做得有模有样，还萌生了下学期要做中队长的想法。

除了为孩子寻找合适的位置，沐阳妈妈认为更重要的是在沐阳这个年龄，社会性交往能力和自我管理能力都还未达到一定水准，能管好自己就不错了，当孩子的能力还不足时，不必急于让他们去挑战不可能完成的任务。

不给孩子贴标签，不给成长设限

竞选班干时，老师让同学们互相提一些建议，出发点本是为了帮助孩子们改正缺点，但实行起来却很容易变成“批斗大会”。沐阳妈妈就不太喜欢互相提意见的环节，她认为孩子们应该更多地看到别人的长处，而不是用挑剔和质疑的眼光去看身边的同学。

家庭教育需要弥补一些学校教育的缺失和不足，当社会已经习惯给每个人简单下定义时，父母一定不能急于给孩子贴标签。沐阳落选中队长是因为声音小，发言时不大方。这些定性的评价，会让孩子感觉到他确实是声音很小，发言时不够大方。

心理学上有一个词叫“标签效应”。心理学家认为人一旦被贴上某种标签，就会成为标签所定性的人。沐阳妈妈的做法是换一个角度，从正面来告诉沐阳，“如果你更大声、更沉着，你会更棒！”这种有具体指向的鼓励，既能让沐阳认识到自己的不足，又能感受到被信任和尊重。

这个方法可以用在很多家庭情境中，比如孩子写作业磨蹭，这时父母不要刻意强调“写得慢”“太磨蹭”，可以试着像沐阳妈妈一样，说出你想要他做到的：“作业是不是有点难？但妈妈觉得你可以做好，而且能很快完成。”

心态放平，把孩子当孩子

在教育孩子的过程中，父母要有自己的坚守和立场，不能人云亦云。当上小队长是沐阳一个不小的成长，但沐阳妈妈也时刻提醒自己，放下成人的价值观，不要总想着让自己的孩子成为人群的核心。小队长能让沐阳体验到不同的感受，收获体验比炫耀权力重要。

放平心态的前提是要对孩子有足够的了解。拿沐阳来说，在家里他有充分表达的权利，所以沐阳妈妈理解他的动作慢和害羞。其次，不要用成人的眼光去衡量孩子的生活，在大人看来小队长是个小职务，但对孩子的意义却不同。得到认可，是多么开心的事啊！只有足够了解孩子，才能帮助他们在班级里，甚至在社会上找到适合自己的角色。沐阳妈妈说：“适合就没有压力，没有压力就会让孩子快乐。”

最近几年“牛娃”“神童”层出不穷，编程课、“早早陪”数不胜数，一波又一波父母加入“鸡娃”大军。再回头看沐阳妈妈对自己的提醒，值得父母们反思。如果凡事都要争第一，对孩子来说，不仅会失去一些本真的快乐，更会失去关注自我和内心的机会。

当然，父母们还要注意“放羊式”教育不等于“无教育”，即使佛系如沐阳妈妈，也依然抱有让沐阳做班干部的愿望。因为不管如何，孩子最终还是要走向社会，要让孩子在保持自我的同时，有一定的抵抗力，不能生活在真空里。

非吼叫妈妈俱乐部亲子部　李连连　供稿

共读时光：参看《沐阳上学记·1·快跑啊，裤子人》之《小队长到底什么样儿》。

非吼叫妈妈俱乐部

老言无忌：
刚看了一个视频，隔着屏幕都觉得尴尬。

河东狮不吼：
发过来让大家一起尴尬。

老言无忌：
【视频：神童演讲合集】

偶像是虎妈：
坚持看了三分钟，我现在是什么水平？

一沙一世界：
比我厉害。

河东狮不吼：
哈哈哈哈哈，最近这个好火啊！但是话说回来，我家儿子要是能学到“神童”的一点点外向的性格，我宁愿看完这个尴尬的合集。

一沙一世界：
别了吧，连@偶像是虎妈都是拒绝的。

河东狮不吼：
唉，我家娃你们还不知道吗？三棍子打不出一个“屁”来，外面见到熟人都不知道叫的，老脸丢尽！

老言无忌：
【视频：TED 演讲《内向性格的力量》】

母慈子孝之二十四节气：
@河东狮不吼

六
如何帮助内向的孩子建立自信?

很多人不喜欢锋芒毕露的性格，却又认为内向是一个缺点。内向的孩子经常收到害羞、胆小、不自信等负面评价。如果你看到在剑桥的考场上和教授侃侃而谈的沐阳，一定想不到他小时候也曾经因为害怕上台说话而焦虑，恨不得编出一万个不上台的理由。内向的孩子就一定不如外向的孩子发展得好吗?其实不管是哪种性格，只要通过合理的引导和锻炼都能实现自信表达。

“内向”只是性格描述，不要被其束缚

著名心理学家荣格的研究让内向和外向两个概念被大众熟知，但很少有人知道，现在大家理解的“内向”“外向”并不是荣格在心理学理论上的含义。最早，“内向”“外向”只是描述两种不同的行为模式，并没有优劣之分。荣格认为，内向和外向在一个连续体的两端，绝大多数人在连续体中间，也就是说没有绝对的内向，也没有绝对的外向。

让孩子自卑、胆小的不是内向的性格，而是他潜意识里认同了外界为他贴上的标签。所以家里有个性格偏内向的娃，千万不要焦虑，也不要试图强迫孩子改变性格。沐阳从小就不是一个外向的孩子，但沐阳妈妈却不觉得沐阳的性格会给他带来多大的限制，作为一名儿童文学作家，沐阳妈妈抓住生活中的教育契机，适时引导，帮助沐阳成长。

沐阳二年级时得到一个在全校师生面前讲话的机会。周一升旗仪式时，他需要在全校师生面前介绍自己班级的升旗手和护旗手。从沐阳开始说这件事的时候，沐阳妈妈就察觉到了儿子的紧张和焦虑。她没有戳破，也没有觉得沐阳不行，她知道像沐阳这样的孩子需要一个机会，去战胜心中的恐惧。

适当给孩子一些机会，不要让孩子陷在自我否定的怪圈里。这其实不是沐阳第一次登台，之前在上海"庆祝中华人民共和国成立六十周年的诗歌朗诵会"上，他就作为小诗人出席活动，并表演了节目。在大家心中，内向的孩子不适合上台，但沐阳妈妈却总喜欢为沐阳提供一些让沐阳"尴尬"的机会。沐阳勇敢表达的自信，就是在这些小任务中慢慢建立起来的。

突然的无理取闹，可能是在寻求帮助

对沐阳来说，上台讲话或表演，是件让他很焦虑的事情，他的内心是恐惧和拒绝的。在朗诵表演那天，沐阳莫名调皮，让沐阳妈妈非常没面子。沐阳先是赖在椅子上不肯上台，后来又在大人们排练时捂着脸不出声，满场跑来跑去，还把菱角壳弄得满屋都是。

终于，沐阳妈妈的怒气值达到顶峰，眼看就要对着沐阳使出吼叫技能了，然而最后一丝理智让她多保持了几秒钟的慈母人设，也正是沐阳妈妈让自己冷静的这短短的时间里，她突然发现也许沐阳只不过是在用调皮和无理取闹掩饰他的焦虑。上台表演这件事并不是沐阳自己主动要求的，是大人硬塞给他的任务。累积的情绪需要释放，沐阳的无理取闹更像是在提醒身边的大人，“你们这样有些操之过急了”。

在遇到让自己焦虑和害怕的事情时，很多孩子会和沐阳一样选择犯“熊”。父母可以把这些表现当作是孩子启动的自我防御机制，他们不是真的调皮、不懂事。在孩子能掌控的范围内，这种方式能最快最方便地帮助他们缓解焦虑的情绪，并引起父母的注意。因此当孩子无理取闹时，父母不妨学习一下沐阳妈妈的方法，先不要发脾气，给自己冷静的时间，毕竟真的要开吼，也不在乎晚个几十秒。冷静过后，再想一想，孩子为什么会无理取闹，他是不是也像沐阳一样想告诉你点什么？尝试主动去理解这些行为背后的含义。

当然，朗诵会上，沐阳妈妈也收了脾气，慢慢引导，直到沐阳平静下来。正式演出时反响很好，排练时一直捣乱的沐阳完全没掉链子。

倾听借口，让孩子有说话的机会

和小时候上台表演不同的是，要上台介绍升旗手的沐阳已经不再用无理取闹的方式来释放自己的焦虑了。沐阳开始试着为自己寻找情绪的出口，比如找一千个理由拖延。

为了缓解沐阳的紧张情绪，沐阳的妈妈和姥姥一起帮助沐阳在家演练。即使观众只有两个亲密的人，沐阳还是状况不断。上台时万一流鼻血了怎么办；突然打嗝会被话筒收进去，全校就听到了；嗓子卡痰了、想放屁、发言稿上的字认不清怎么办？

沐阳妈妈面对这些看似愚蠢的真实问题，没有觉得幼稚好笑，而是陪着沐阳一起想办法。怕鼻子流血上台前就不要去抠，嗓子里有痰可以带张纸以备不时之需，稿子看不清就重新抄写一遍……沐阳妈妈给予沐阳足够的空间，让他把心中的担心都说出来，以至于沐阳自己最后都觉得好笑，为什么会有这么多奇奇怪怪的问题。母子间的对话，慢慢变成一种引导，沐阳妈妈神不知鬼不觉就消除了沐阳的恐惧。

升旗仪式上，沐阳顺利完成发言，他又多了一次成功的经验，像上次朗诵一样。这些小成功一点点积累起来，就会有更多的下一次，让孩子慢慢发现自己的无限可能。

非吼叫妈妈俱乐部亲子部　李连连　供稿

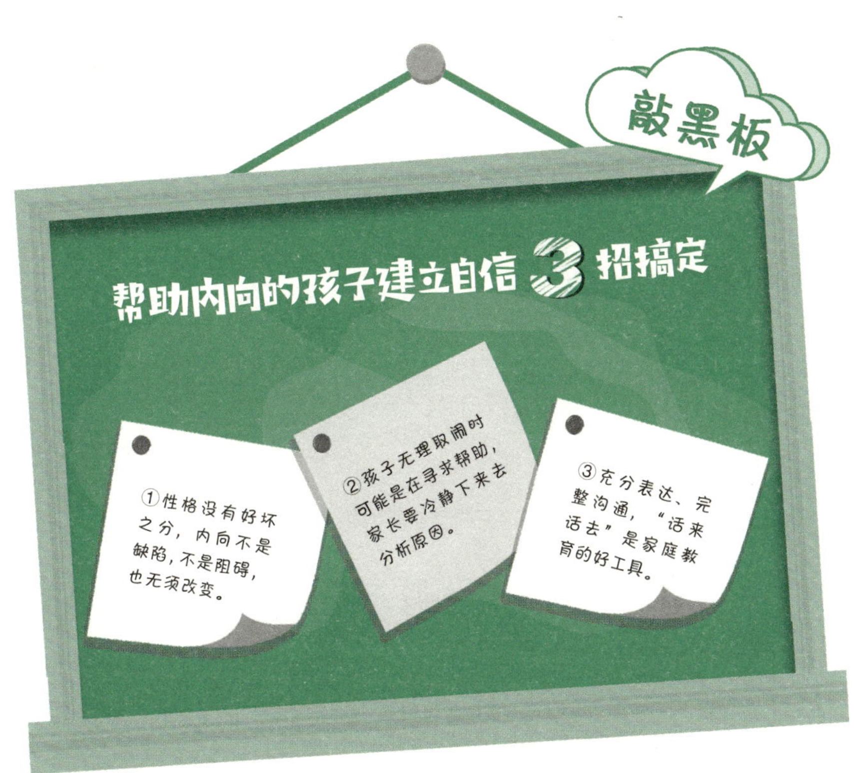

共读时光：参考《沐阳上学记·1·快跑啊，裤子人》之《要是演讲的时候打嗝》。

非吼叫妈妈俱乐部

河东狮不吼：
我家亮亮怎么回事！

河东狮不吼：
被女生追到躲厕所？！还是亲生的吗？

一沙一世界：
可能他就是想清静一下，厕所可是咱带娃党的清静胜地啊！

偶像是虎妈：
@一沙一世界请允许我狂点头！

河东狮不吼：
小子躲什么，给我冲回去啊！

一沙一世界：
躲总比动手好吧？

河东狮不吼：
动什么手？气势！气势懂吗？

偶像是虎妈：
我崽窝里横，出去秒怂。

一沙一世界：
我家这个只有气我的时候才有气势……

母慈子孝之二十四节气：

不动肝火的办法来了，小妙招走一波！

七
如何化解“男孩危机”？

很多男孩的父母都面临一个困惑，自己家的小硬汉，怎么到了学校却怕起女生来，被女生呼来喝去，追得东躲西藏，有时还闹到哭鼻子。面对在女生面前变得“软弱”的小哭包该如何是好？在沐阳上小学的时候，沐阳妈妈也遇到过同样的问题。直到沐阳妈妈的朋友和沐阳开了次“小会”，才让沐阳妈妈认识到想要化解“男孩危机”，要先让男孩学会欣赏自己，在让男孩意识到“男女有别”的基础上，懂得欣赏女孩的长处，引导男孩通过正确沟通表达自己的情绪，主动解决危机。

数学公式来加冕，学会运用擅长的领域建立自信

男孩的父母总是担心孩子在学校有没有打架，有没有闯祸，生怕好动莽撞的男孩哪天撞到谁。殊不知在小学里，发育较快的女生们已经把小男生们管得服服帖帖，那些四处乱撞的“小野狼”已然在女生们的压制下变成了“小绵羊”。

解决男孩危机先要让男孩认识到男女差异，从差异中找到自己的优势，从而建立自信。在幼儿园阶段，孩子们就逐渐认识到性别带来的差异，这时的差异是很直观的，男生穿裤子，女生穿裙子；男生梳短发，女生扎辫子……许多父母也会按照这种简单的方式来引导孩子区分性别。可是到了小学阶段，情况开始变得复杂起来，男女生之间的差异不仅仅限于眼睛看到的，更多的是大脑发育的差异。沐阳妈妈支持、鼓励沐阳对数学的痴迷与热爱，是对沐阳建立男孩自信和群体威信最好的帮助。

负负得正，化短为长，引导孩子发现女生的优点

小学阶段，女孩相较男孩大脑发育相对成熟，女孩左右脑的协调能力强，特别体现在语言表达和统筹能力上。面对女孩的“强势”，男孩的父母们可以引导孩子多关注女孩的长处。可以从男孩身边的女性角色入手，比如妈妈、阿姨……

沐阳妈妈引导沐阳把学校里每天发生的事情讲出来，她的朋友春儿也和沐阳成了可以交流想法、畅聊八卦的笔友。春儿成为沐阳无话不谈的好朋友。建立了对女性长辈的欣赏之后，面对同龄女孩时，男孩更容易理解她们的一些行为。还可以鼓励男孩玩“她有我没有”的小游戏，在游戏中对比感受女孩的优点和长处。

求和电话有助共情，主动沟通解决“危机”

面对小男生的情绪宣泄，很多父母都希望能够引导孩子遇事冷静下来，不吵不闹，不哭不跳，可是这对小小的他们来说实在困难，他们甚至分不清楚一些情绪，更不知道该怎么宣泄。面对沐阳因为女生的“追打”躲在厕所里哭，沐阳妈妈觉得好气又好笑，听到“全年级的男生都怕女生”这样真实的坦白，结合沐阳对《红楼梦》里爱哭、娇弱的林黛玉的喜爱，沐阳妈妈看到了事件背后隐含的时代变化所带来的教育观念和生活观念的转变。

引导孩子做出正确的情感表达和宣泄，学会共情，是沟通的第一步。沐阳妈妈面对孩子讲述的“惨痛经历”，心里有小欢喜、小气愤，也有小悲伤，这些情绪都是孩子在哭之前混杂、堆积在心里的，最后在哭的一瞬间倾泻出来。作为父母，我们在教育之前要先做到感同身受，才能更好地引导孩子找到适合自己的情绪宣泄方式。有时，哭也是一种选择，没必要因为孩子是男生就禁止他流眼泪。

除了鼓励男孩在发泄情绪后冷静地想一下，还有更好的方式吗？狼和老虎是不是也可以坐下来谈一谈呢？如果他们爱面子，那么就一定要保护好他们的自尊心，可以鼓励他们用打电话或者写信的方式进行沟通。同时，作为父母要相信孩子，不要把事情看得太过严重，放手让孩子自己去解决，剩下的交给时间，时间可以化解一切；也可以采取一些积极的办法，给孩子一些建议，比如对不喜欢的行为勇敢说“不”，坚持自己的原则并且找到“同盟军”。

非吼叫妈妈俱乐部亲子部　赵研　供稿

共读时光：参看《沐阳上学记·1·快跑啊，裤子人》之《哎哟，女生到底是一种什么人》。

非吼叫妈妈俱乐部

偶像是虎妈：

我觉得我的语言系统出了问题，已经没有办法跟我儿子交流了！

偶像是虎妈：

就这么个简单的数学题，怎么就教不会他呢！

河东狮不吼：

谁说不是呢！我在崩溃前一秒，成功丢给他爸了！

母慈子孝之二十四节气：

【晒图：如何学数学的多个搜索】

河东狮不吼：

这么多，看昏了！

偶像是虎妈：

各位等我，最近正在测评几个数学APP，好用的话我就发群里。

一沙一世界：

多谢蕉蕉妈！用不用我先收藏……

老言无忌：

感觉你们已经看到娃高考数学不及格的卷子了。

偶像是虎妈：

可别说，你没听说过三年级是个坎吗！小心梯次掉队！

一沙一世界：

本群新“黑话”诞生——梯次掉队。

八
如何进行数学启蒙？

数学是非常注重基础和逻辑的学科，相信许多父母都听说过，从三年级开始就会出现孩子的数学成绩掉队的现象。之前大家成绩都差不多，突然就有一批孩子落了下来，班级里的成绩梯次也越来越明显。沐阳能顺利躲过一次又一次数学成绩掉队的状况，还真要归功于学龄前和小学低年级阶段打下的扎实基础。

魔术不仅能见证奇迹，还能培养数学兴趣

在正式开始说兴趣之前，有一句话要告诉父母，而且是要拿大喇叭循环播放的：不要把畏难情绪传递给孩子！许多父母因为经历过高中和大学数学的“蹂躏”，对数学已经有了抹不掉的“畏惧感”，提到数学就头疼。可在学龄前和低年级的孩子眼里，数学还是有趣又神秘的学科，如果这个时候你告诉他“数学好难！”“你这个知识点学不会，以后就都听不懂了！”那他学数学的兴趣就很难培

养了，只能大家一起当“鸵鸟”。

沐阳妈妈是个对数字完全不敏感的儿童文学作家，用沐阳的话说就是“她好像根本就没有学过数学”。作家妈妈虽然在数学方面很迷糊，但她很懂得如何保护沐阳天马行空的想象力和好奇心。

沐阳在小时候就是出了名的数学达人，在沐阳妈妈的记忆里，沐阳对数学的兴趣最早应该来源于魔术。那时候，“见证奇迹”的刘谦红遍大街小巷，很多人都在谈论着魔术，沐阳也是其中之一。沐阳不仅到处去看魔术表演，还报了魔术班。玩魔术免不了就要和数字打交道，巧的是在这期间沐阳还读到一本书——《玩转数字最烧脑的智力趣题》，从此他就进入了神奇的数字世界。

换个角度，也可以将枯燥的数学理解为神奇的魔术。好奇是人类的天性，孩子本就喜欢追本溯源，父母要学会抓住这一点。拿大家熟悉的“斐波那契数列”举例，只当作数学理论来看，名字读起来都那么拗口，听上去就很枯燥，肯定不好学。但如果告诉你，《达·芬奇密码》中那串传递重要信息的密码就是斐波那契数列，你是不是突然就有了想深入了解的欲望？打开数学兴趣之门的方法很多，好奇心往往使学习变得容易。

大数字的好处你想象不到

数学启蒙不必拘泥于 10 以内或 100 以内的数字，在孩子还用不到复杂运算时，越大的数字反而越容易激发孩子的兴趣。沐阳第一篇自发写的作文《怪兽吃饱了》，就让沐阳妈妈发现，大数字对孩子的吸引力是超出想象的。

其实这些大数字在生活中也不难找，不知道各位父母有没有发现，孩子喜欢的奥特曼等动漫人物或超级英雄的卡片上，对技能、身高、年龄的一些描述都用了很大的数字。迪迦奥特曼竟然是3000万岁的“老人家”啊！

如果所有的知识都是这样奇妙，那许多学习问题都可以迎刃而解了。沐阳妈妈抓住了这个要点，虽然她时常听不懂沐阳说的数学题，但她很乐意陪沐阳一起玩魔术。当沐阳提出要去奥数班时，沐阳妈妈选择支持沐阳，毕竟她只能教沐阳识字，教数学还是交给专业人士吧！

“说出来”的数学，故事让数字具象化

对于年龄较小的孩子来说，具象化的实物比抽象的数字更容易理解，在这一阶段，培养孩子的数学兴趣和数学思维比教他们学会运算更重要。特别是学龄前孩子，大脑发育和认知能力还未发展成熟，抽象思维能力比较弱，很难理解数字的含义。这就是为什么他们小时候能很顺利地把“123456789”说出来，但点数的时候却总是出错。

沐阳理解数字有个绝招，他和同学们将数字融入“侃大山”中，甚至用这些数字编起了故事。从1到10，数字在他们的故事中都是具象化存在的。“7”是苹果树，牛顿

坐在树下跷着二郎腿是“4”，掉下来一颗苹果是“0”，他吓了一跳站起来变成了“1”。

这时候，沐阳妈妈作为作家的优势就发挥出来了，她敏锐地发现了沐阳的“胡言乱语”带来的创造力。沐阳妈妈毫不掩饰对沐阳的赞赏，告诉沐阳：“你怎么想世界，世界就是怎样！”

编故事是零技巧的数学启蒙方法，能很快帮助孩子认识数字。故事的开头和结尾不重要，它甚至可以完全不像一个故事。重要的是和孩子一起讲述，不必苛求形式。建议父母和孩子创造新的故事，经典的故事虽然能帮助孩子记忆，却会限制孩子的发挥。

等一到十的故事写完了，再试试更大的数字，百、千、万……无穷无尽地玩下去！

数学从万物中来，学会利用生活中的数字

提到数学，人们第一时间想到的可能是数字、运算，等等。其实数学是个很宽泛的概念，数量、大小、分类、空间、几何、时间等都属于数学领域，总结起来就是，数学从万物中来。数学启蒙可以从生活中常见的人、事、物入手，只要抓住日常生活隐含的学习契机，不是专家教授也能教出数学达人。

孩子们写作文要调动听觉、触觉、视觉等五感，来感受万物，其实学数学也一样。乘电梯的时候，你有试着和孩子聊过按键上的数字和楼层高度之间的关系吗？散步的

时候，会和孩子数一数路边的小花有几片叶子吗？沐阳对数字的认知几乎都是从生活中来的，比如在数学小组的头脑风暴中，他既能通过联想描述数字，也能理解数字与时间的关系：不吃饭的后果是“1”，因为“1”像戒尺；“10”是上海世博园晚上快要闭园的时间。

数学不是单独存在的枯燥数字，调动生活经验，让从万物中来的数学再回到万物中被学习。数学启蒙并不是为了记住数字本身，而是要记住思维背后的创意。这样，即使在之后的数学学习中遇到更复杂的内容，在孩子眼里也不过是小时候看到的那个在时钟上奔跑的数字小人。

非吼叫妈妈俱乐部亲子部　李连连　供稿

数学狂人4大秘密武器

①学数学要靠“玩”，用魔术培养学习数学的兴趣是个好方法。

②别怕孩子听不懂，有时数字越大越能激发学习兴趣，增进理解。

③把数字具象化，更容易帮助孩子认识数字、建立数的概念。

④捕捉生活中的教育契机，利用好身边的数字。

共读时光：参看《沐阳上学记·2·吃数字的数学狂人》之《吃数字的数学狂人》。

非吼叫妈妈俱乐部

偶像是虎妈：

在线求问，闷葫芦十级患者还有救吗？

老言无忌：

那得看这闷葫芦是谁。

一沙一世界：

能让她这么焦躁的还有谁？

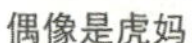

偶像是虎妈：

不知道从何时开始，我再也没有看到蕉蕉像视频里那样和我打闹了。

一沙一世界：

要我说，孩子不和我们玩都怪电子设备，我给云云买了iPad后，她就一直埋头玩，我真是气得想砸了那玩意儿……想想又算了，那是我用血汗钱买的。

老言无忌：

我们都知道放下手机、放下工作陪孩子，孩子就舍不得放下手里的iPad搭理咱。

偶像是虎妈：

哦！我马上去藏家里的iPad。

课代表X酱：

你们这样做没有从根源上解决问题啊。

河东狮不吼：

没办法，一步一步来，总有办法让孩子把注意力放到我们身上。

九
怎么与孩子分享彼此的生活？

“世界上最遥远的距离，不是生与死的距离，不是天各一方，而是我就站在你面前，你却不知道我爱你。”这句话用来形容父母对孩子付出情感时的辛酸也不为过。虽然亲子关系是人际关系中最亲近的关系，但亲子之间始终有对方触不到的空间，彼此间缺少交流、分享，必然有变生疏、产生隔阂的危险。因此，沐阳妈妈非常重视和孩子之间保持不间断地交流，不管是近在咫尺还是远在异国他乡，她都坚持和沐阳互相分享彼此的所见所闻，以此来打破这种“世界上最遥远的距离”。

认真聆听，做一个“听话”的大人

有很多父母焦虑：孩子突然变得和自己没有话说了，其实只要注意保持和孩子分享各自生活的习惯，就不会突然跌入与孩子产生隔阂的陷阱。父母在与孩子分享彼此的见闻时，一定要做一个“听话”的大人！否则孩子会在屡次被敷衍的交谈中逐渐丧失分享的欲望。父母在听孩子诉说时，要客观地去理解孩子的真实想法和内心感受。

首先要注意，在比自己聪明的人面前，人们总是担心自己说错而无法畅所欲言，所以当聆听孩子讲话时，父母需要放下居高临下的姿态，不要总是站在自己的经验角度替孩子下结论和做评价，可以像孩子一样用天真的想法看待一些事物。比如孩子讲了一件事，从父母的角度看虽然很简单，但是不要直接戳破，可以适当“装傻”，反问孩子：“这是为什么呀？”孩子此时会觉得自己知道的比父母多，会更自信地表达观点。

另外，由于孩子处于幼年、童年阶段，语言表达能力还较弱，他们在讲述一些事情时会缺少逻辑，或者找不到更恰当的语言来表达，这就需要父母在倾听的时候引导孩子讲述得更准确，以便得到质量更高的分享。就像沐阳的二姨妈在听沐阳讲述班上的女孩子时，面对沐阳的一通乱讲，二姨妈会一边听一边提出问题，比如“为什么会这样呢？”“你怎么看待这件事呢？”这些问题看似简单，但在孩子回答这些问题之后，父母可以用更成熟的逻辑来整理这些琐碎的信息，能够了解这件事更深层次的背景和孩子对这件事的更多看法。父母既要有认真聆听的姿态，又要能抛出问题，孩子自然愿意有什么事都先和父母讲了。

和孩子探讨日常点滴，做生活中的有心人

有时候，父母迫切想要了解孩子，以至于进入一些分享的误区，比如放学接到孩子，看到孩子很开心或者很难过，就会询问孩子今天有什么开心或难过的事。而生活中更多的是平淡时光，孩子似乎没什么好分享的，一旦没有有趣的事情发生，父母就会陷入恐慌——和孩子找不到共同话题了！

其实，生活中的点点滴滴是亲子间话题源源不断的资源。沐阳妈妈就很擅长在平凡的生活中发现不平凡，并将此分享给沐阳。比如她在隅田小学看了一场简单的木偶表演，不由地想到现在供儿童观看的表演趋于成人化，于是她充满焦虑，向沐阳述说这件事。生活处处皆学问，本来一件小小的事情，可以在父母的思考与引领下产生魔力，让孩子从中领会更多道理。谁能说平淡的事情没有交流价值呢？

当然，亲子间的分享有时候不需要掺杂太多的逻辑和道理，让孩子自由地运用自己的语言，可以让分享这件事变得简单有趣。生活中鸡毛蒜皮的小事情不正是用来分享的首选对象吗？就像沐阳妈妈告诉沐阳：“我今天在路上捡了一颗像曾经被你踢飞的石子；我去画展看了些画，真像你们学校画画的氛围……”这样简简单单的你一言我一语，每一件小事都可以随意脱口而出，在不经意间父母就和孩子增进了了解。

变些花样，巧用传统书信来交流

父母和孩子在分享自己的经历时，最普遍的分享方式是口头分享，这种方式的优点是互动性强，可以快速了解彼此的经历，也能比较及时地做出回应，但它的缺点就是容易产生分歧，而且有些话题难以启齿。

除了口头分享之外，还有写信这种传统而含蓄的交流方式。书信交流，使得人们在落笔之前有足够的时间整理自己的语言，比口头讲述更周到，并且能陈述一些口头难以启齿的话题。这种交流方式不受时间、距离的限制，沐阳妈妈早就率先尝试了哟。沐阳妈妈曾去日本出差，和沐阳分开多日，他们就是依靠写信来应对距离的挑战。沐阳在信里画了几幅画寄给妈妈，收到信的沐阳妈妈可满足了，激动地回了一封“长篇大论”，把自己在日本每天的见闻都分享给沐阳。

父母不可能每一天都陪在孩子身边。出差、游学、单独旅行、赴异地工作等原因很容易让父母错过孩子成长的点点滴滴，稍不留神就会发现自己已经很久没有和孩子谈话了。不管是短期还是长期与孩子分离，父母和孩子如果能通过写信或者打电话、视频等方式来分享彼此的生活，距离就不会成为亲子关系的阻碍。

非吼叫妈妈俱乐部亲子部　杜燕鸿　供稿

共读时光：参看《沐阳上学记·2·吃数字的数学狂人》之《亲爱的小格子》。

非吼叫妈妈俱乐部

偶像是虎妈：

小作文写了一百个“你好”，一百个“再见”……

一沙一世界：

哈哈哈……虽然不应该笑，但我就是忍不住。

河东狮不吼：

理解你现在的心情，忍住了一千九百九十九次吼，忍不住第两千次吼。@偶像是虎妈

河东狮不吼：

要不你给他找些好词好句“参考”一下？

老言无忌：

别，千万别！

偶像是虎妈：

Why？大家不都是这么写的吗？

老言无忌：

都这么写不代表就是正确的。照搬好词好句没有灵魂，孩子自己纯真鲜活的语言才更精彩啊！

河东狮不吼：

不不不！好词好句多有文采啊，小孩子自己的语言太直白了！

母慈子孝之二十四节气：

你们说的都好有道理，我竟无言以对。

偶像是虎妈：

呃……@课代表X酱你怎么看？

十

没有万能开头和结尾，“作文渣”如何实现逆袭？

对于低年级的小学生来说，学习写作文，一直是一个非常大的难题。写一篇 200 字的小作文，按说也就 20 分钟的事，可现实往往是孩子磨磨蹭蹭写了半天，纸上却可怜兮兮地躺着零星几个字儿。有的孩子甚至无从下笔，完全不知道写什么。其实，在沐阳妈妈看来，写作文无非就是清晰地表达想表达的意思，能够让人看懂；同时要有真实的情感和明朗坦荡的思想，正所谓“我手写我心”。想要做到这两点，除了多阅读，使用一些好玩的小妙招也是不错的选择。

先把作文讲述出来，讲述比写作更重要

写作其实就是说话，但说话要比写作简单得多。因此，刚开始接触写作文，孩子出现畏难心理的时候，不妨先让孩子把作文讲述出来。在沐阳还没有学习写作文的时候，沐阳妈妈就已经开始和沐阳一起玩“作文游戏”了。

“作文游戏”很简单，游戏规则就是父母和孩子讲自己想写的东西，由大人记录下来，比一比看谁说得更精彩，以此来鼓励孩子说出自己的心里话。叙述的时候可以天马行空，甚至乱说一气也没关系；不要设置任何界限和条条框框，更不要打断他，要有意识地引导他说得“乱七八糟”。因为那看似“乱七八糟”的叙述里，有着孩子最真实的想法、最宝贵的想象力和看待生活的逻辑。

对低年级孩子来说，讲述比写作更重要。只有先学会讲述自己的生活，表达自己的想法，才能更好地为写作做准备。所以，一定要鼓励孩子多表达。比如，可以利用晚餐时间和孩子分享一天中经历的趣事，分享内心的感受。这时，父母一定要及时、热情地回应孩子，而不是低头看手机。这样的“话来话去”不仅可以促进亲子之间的沟通，还是给孩子最好的心理安慰。

人们常说“生活中处处有教育”，其实不如把“随处可见的教育”变成“随处可见的游戏”。儿童喜欢玩游戏，游戏是孩子最好的减压神器，也是教育最举重若轻的入口。在进行“作文游戏”和“话来话去”的过程中，孩子在玩的同时，也锻炼了写作文必备的想象能力和表达能力。

利用家庭卡片写写画画，让孩子学会文字表达

没有压力、拥有兴趣，是一个孩子做一切事情的开端。因此，在家庭中，我们可以充分利用便利贴、明信片，甚

至小纸片等进行日常留言。使用家庭卡片作为交流方式更加简便，可以在卡片上涂涂抹抹、写写画画，记录亲子互动的点点滴滴，关注孩子日常生活的细枝末节，不仅轻松好玩，还有利于父母和亲子之间的互动交流，有利于孩子学习使用文字表达自己。

接下来，可以使用写信这种充满温情的方式促进孩子的文字表达能力更上一层台阶。写信是人们交流情感、互相沟通的好方式，和孩子沟通时尤其如此，而且，写信还可以锻炼孩子写作文的能力。以轻松的心态随手涂写，内容自由、随意、活泼，没有什么压力，这样才能释放孩子的天性，表达真实的自我，而不只是想着立意和中心思想。

在沐阳刚学会写字的时候，沐阳妈妈就和他一起利用家庭卡片玩相互留言的游戏。通过从最开始一句简单的留言："我和爸爸去散步了"，到"老师让我们写一封信，可我写给谁啊？我该怎么开头啊？我该怎么办啊？"这样的求助信，再到大段的有趣的沟通信，沐阳慢慢学会了如何用文字表达自己的真实情感和所思所想。不过，要记得，在这个过程中，及时回复、及时回信十分重要，父母的回应不仅是以身作则，还是鼓励孩子不断写下去的动力。

帮助孩子积累生活经验，巧用好词好句

很多父母认为孩子不会写作文，不如找些好词好句背下来。这种方法的确能帮助孩子提高作文分数，但一定要

建立在孩子对生活有了直接经验的基础上。如果只是让孩子单纯地背好词好句，会非常枯燥，难以让孩子产生真正的兴趣。

因此，帮助孩子积累生活经验十分重要。儿童心理学研究发现，大自然是孩子最好的教育园地，要让孩子多到丰富多彩的大自然中去开阔眼界，去观察柳树的叶子、迎春花的样子，去看一看草地上嫩芽的颜色，去听一听不同昆虫的叫声，去大汗淋漓地踢球，喊上朋友来一场春游……还可以一起玩“观察游戏”，一起观察生活中容易被大家忽视的小细节。这些直接的、真实的生活经验是写作最生动的素材。

但有了素材，孩子的作文还是写不长，三言两语就把故事讲完了。这该怎么办？别着急，这时就需要父母帮助孩子，让孩子调动自己的“五感”，也就是用眼睛去观察，用耳朵去聆听，用鼻子去闻，用嘴巴去品尝，用手去触摸，再加上用心去感受，将这些调动起来才能更好地感受这个世界。

最后，可以试试沐阳妈妈总结的“脑洞大开法”——充分发挥想象力，天马行空地写；“就地取材法”——选取生活中的点滴，随心所欲地写；“冲突展示法”——抓住事例中的细节，有所侧重地写；“综合演绎法”——站在不同的角度，真情实意地写。再恰到好处地加上一些好词好句，还担心写不出200字的小作文吗？

非吼叫妈妈俱乐部亲子部　王静宇　供稿

共读时光：参看《沐阳上学记·2·吃数字的数学狂人》之《好玩的口头游戏》；《沐阳上学记·3·亲爱的妈妈妈妈妈妈》之《亲爱的妈妈妈妈妈妈》。

非吼叫妈妈俱乐部

偶像是虎妈：

刚在厨房做饭时突然被娃问“美”是什么，怎么回答呀？在线等……

一沙一世界：

就是你妈我呀！

偶像是虎妈：

他也得信啊！

河东狮不吼：

问他作业写完了吗，万能答案屡试不爽。

一沙一世界：

现在孩子动不动就思考人生。

老言无忌：

我是谁，我从哪里来，要到哪里去……

偶像是虎妈：

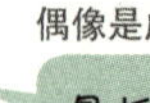

最怕他问这种没答案的问题。

老言无忌：

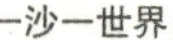

怕什么，叫他自己多读书，问孔夫子去！

一沙一世界：

也可能问到周公那去了……

河东狮不吼：

最可怕的是，他是写完作业后问的，尴尬了尴尬了！

母慈子孝之二十四节气：

哲学启蒙可不能这么搪塞过去，看我找到了什么！共享哈！

十一
如何做好儿童哲学启蒙？

面对孩子突如其来的哲学问题很多父母会手足无措，以为每天看童话绘本的孩子脑子里想的是公主、王子，结果他问的是“人生值不值”。懵懂的孩子们促使我们一次次更新自己的认知。“哲学”这个字眼让无数妈妈望而却步，“是与在”的探讨，更是让那些想为孩子做哲学启蒙的妈妈们无从下手。学会沐阳妈妈的方法，儿童哲学启蒙轻松制胜。

“时间”开头，“为什么”结尾，启发式聊天是哲学思考的开始

做好哲学启蒙的第一步是想。很多父母觉得和孩子很难聊，甚至孩子拒绝和他们交流，实际上这是因为聊天方式出了问题。对时间观的理解是哲学永恒的话题，从身边可听可感的话题入手，宇宙起源、四季转换、叶落花开、同桌发呆……都可以成为放学路上不错的哲学话题。

父母可以从孩子感兴趣的内容入手，多听孩子讲述，以“为什么”作为互动口令，把孩子的回答当作下一个问题，引导孩子自主思考，在这个过程中不要点评，不要急于说出所谓的答案，这种启发式的互动聊天可以帮助孩子从小培养哲学思维。

沐阳妈妈和沐阳的聊天是启发式的，面对孩子讲的《永恒的第一秒》的故事，沐阳妈妈没有打断也没有评论，而是静静地听着，面对沐阳提出的问题，沐阳妈妈的回答是：“我不知道呢，或许是因为……那么你说是为什么？”这种提问和回答方式既可以激发孩子讲述的热情，更重要的是让他们主动思考，逐步形成哲学思维。

一个眼神，一个拥抱，肢体语言也可以回答哲学问题

儿童哲学启蒙的第二步是说。通过一些哲学问题鼓励孩子去想象，运用发散思维。对孩子来说，没有标准答案的问题更有趣，一些看似大而无解的问题更容易启发孩子的好奇心。比如“为什么世界会存在”“为什么我是我”“幸福是什么”“美是什么”……

也许孩子们并没有意识到他们正进行着哲学思考，在他们看来这些问题可以很具体，父母可以从他们的讲述中感受到他们正懵懂地触及哲学的某些话题。当沐阳妈妈听到沐阳讲的哲理小故事时，没有和他谈论永恒和逝去的大问题，而是用她的感动让沐阳明白对于相互爱着的人，永

恒的第一秒是多么珍贵。

面对孩子的大问题，父母可以采用“大问题小回答”的方法，把抽象问题具体化，用生活中的例子解释，用动作、情绪来表达，这样孩子易于接受，也更有参与感。

读一读，写一写，有助于培养哲学思维

儿童哲学启蒙的第三步是读写。知道了怎么聊，聊什么，剩下的就是让孩子们自己待一会儿，他们需要沉静下来好好想想自己看到的、听到的、感受到的。阅读能够让孩子了解世界上更多好奇有趣的事情，读书的过程就是产生哲学思考的过程，写作能够让孩子了解自己内心的想法，书写的过程就是理清思路、呈现思维方式的过程。

在沐阳的周记中，沐阳妈妈见到了沐阳童年的朋友——小豌豆，作为宇宙起源的小豌豆，是沐阳珍视的朋友，沐阳妈妈也精心呵护着沐阳对小豌豆的痴迷与热爱。有兴趣、想知道、想了解更多，这是儿童哲学启蒙的驱动力。父母根据孩子的喜好，可以推荐他们阅读一些科学和艺术方面的书籍，尤其当“后疫情时代”到来，哲学终将成为驱走孩子们心中阴霾的光。

非吼叫妈妈俱乐部亲子部　赵研　供稿

共读时光：参看《沐阳上学记·2·吃数字的数学狂人》之《永恒的第一秒》《名叫宇宙的小小豌豆》。

非吼叫妈妈俱乐部

偶像是虎妈：

我真的要爆炸了！

一沙一世界：

@偶像是虎妈这是怎么了？

偶像是虎妈：

就爱待在别人家里，喊他回来写作业，就不听。

老言无忌：

深呼吸，深呼吸，谁家还没有个小恶魔，这么多妈妈都是你的好帮手。

河东狮不吼：

哎哟，我觉得慈悲为怀就好了呀，给他讲讲道理不就行了吗？

偶像是虎妈：

大道理我可是讲了不少，这个小崽子，就是油盐不进！

一沙一世界：

没关系，其实你可以像我一样忽视他。【链接：佛系妈咪养成记】

老言无忌：

哎哟喂，这可不是长久之计。【视频合集：对付熊孩子的七十二个妙招】看这个！

偶像是虎妈：

哎，果然，教孩子永远是一门最难的学问呀！

十二
孩子总爱唱反调怎么办？

每个父母肯定都面临过这样一个问题，不论你说什么，孩子都一个劲儿地和你唱反调。当孩子变成不听话的“小恶魔”时，父母该怎么做呢？当沐阳开始有了自己的想法，开始反抗父母的权威时，沐阳妈妈也和所有父母一样，头疼不已。她发现，孩子在这个阶段，完全是油盐不进，用语言沟通反而会导致孩子的叛逆行为变本加厉。在数次与沐阳斗智斗勇的过程中，沐阳妈妈终于找到了管理这个“小坏蛋”的妙招。

让孩子做自己，找出唱反调的终极原因

我们经常会这样说：“要是我的孩子能好好听话就好了。”父母都希望孩子可爱乖顺，孩子产生逆反心理时父母总是忧心忡忡。当孩子处在逆反阶段时，总是“不”字当头，一意孤行，每天把各种“不要”挂在嘴边，让大人觉得孩子固执得莫名其妙。其实产生这种情绪是没有对错

的，如果孩子总是不被允许自由表达情绪，长久累积后可能会留下很大的隐患。

沐阳在上二年级的时候，是一个彻彻底底的反抗小能手，沐阳妈妈看诗朗诵被感动得稀里哗啦，他在一旁乐呵呵；看书只看自己爱的“鸡皮疙瘩”系列，完全不接受妈妈推荐的《基督山伯爵》；对于妈妈提供的“良药”也拒不接受。沐阳妈妈知道，这是沐阳有了自己的想法，想得到大人的关注，这个时候，沐阳妈妈就会放下手中的事情，去倾听孩子的想法。

其实，和沐阳一样，当孩子反对大人的时候，是有多种原因的。可能是孩子在寻求父母的关注，也可能是父母的过分迁就导致孩子恃宠而骄。父母此时要放下架子，和孩子平等对话，引导孩子说出自己内心的想法。要知道每个孩子都有向上发展的本能，父母要理解并不是孩子故意要反抗谁，也不是孩子不爱你了，这只不过是一个渴望长大的孩子想要“活出自己”的表现。父母没必要过于紧张，而应该正确做好引导和维护。

适时“冷处理”，接受孩子的不良情绪

在孩子唱反调的时候，作为父母，如果想要通过吼叫，通过权威来压制孩子，想让孩子因此听话，那么十有八九孩子会愈加抗拒，事情也会愈演愈烈。时代在不断变化，孩子的心智也在不断成长，他们的叛逆也是有根源的，真

正去关心、理解他们才是解决事情的方法。

对于拥有自我意识的孩子，父母首先要做到的就是控制自己的情绪，可以适当进行“冷处理”，给双方平复情绪的时间。

其实，所有人都是有七情六欲的，当孩子万事都说“不”的时候，父母会产生情绪是非常正常的。正如沐阳妈妈在看电视时，调皮的沐阳在一旁唱反调，沐阳妈妈也会呵斥沐阳一样。当出现这种情况时，父母也无须觉得愧疚，首先要调整好自己的心态，理解孩子并非故意和大人作对，只是为了引起父母的注意，放大行为以突显自己，所以此时要适当收起脾气，耐心聆听孩子的要求，接受孩子的行为和情绪。

其次，父母在冷静下来之后，切忌喋喋不休地向孩子灌输大道理，因为越是采用高压的方式，孩子会反弹得越厉害。

所以，听比说更重要，要发自内心地尊重孩子，可以像沐阳妈妈一样，安静地摸摸孩子的头，给他支持与理解，这样孩子就会从小恶魔变身为乖宝宝。此外，父母也没必要一直被这个情绪困扰，可以通过一些别的事情转移孩子的注意力，比如玩一些像沐阳和沐阳妈妈做的“反对小游戏”，或者谈论一些孩子喜欢的事情，这都可以起到调节孩子情绪的作用。

巧用“反对游戏”，对逆反心理进行反向引导

对孩子来说，“好玩”是他们生活的前提。父母可以在游戏过程中进入孩子的世界，寓教于乐，读懂孩子内心的真实想法，因材施教。

孩子在步入小学之后，会像沐阳一样开始出现叛逆情绪。沐阳妈妈及时抓住了孩子产生批判性思维的大好时机，并且挖掘出其中的游戏点，和沐阳开开心心地玩起了“反对游戏”。沐阳可不能放过这个可以正大光明反对的大好时机，把妈妈写的文字好好地反对了个遍，玩得不亦乐乎。

在游戏和玩乐中，孩子的情绪得到了疏解。首先，在游戏中，父母和孩子处于平等地位，沟通和对话会更加顺畅，可以将孩子的负面情绪在游戏中引向积极的一面；其次，“反对游戏”带来的是高质量的亲子陪伴，在共同做游戏的时光中，孩子可以挑战权威，尽情表达自己的所思所想，在增加亲密感的同时，孩子也能学到信任和尊重；最后，通过正确引导，父母可以将孩子那些童言稚语变成最珍贵的宝藏——孩子用最天真的眼睛认识世界，父母要做的就是珍惜他们的批判性思维，珍惜他们与父母“对着干”的时光。

“反对游戏”的实质是对孩子逆反心理的反向引导，并且在其中加入游戏元素，调动孩子的积极性。但是父母一定要让孩子的反对具有边界感，正如沐阳妈妈在“反对游戏”中设定的规则一样，必须让孩子明白，不能凡事都对着干，要讲规则，做到言之有理。这样，不仅在游戏过

程中疏导了孩子的逆反情绪，更在轻松的状态下拓展了孩子的批判性思维。

非吼叫妈妈俱乐部亲子部　董卫娟　供稿

共读时光：参看《沐阳上学记·2·吃数字的数学狂人》之《我就是喜欢唱反调》。

非吼叫妈妈俱乐部

河东狮不吼：
【孩子的留言条照片】为什么我不能从爸爸的肚子里出来？为什么我不能和妈妈结婚？

河东狮不吼：
我家娃最近化身“十万个为什么”，提出的问题奇奇怪怪……

课代表 X 酱：
这些奇葩问题也只有小毛孩想得出。

一沙一世界：
正常正常，这说明孩子对这个世界充满好奇嘛，顺其自然就好。

偶像是虎妈：
怎么能顺其自然呢？这是培养孩子思维能力的好时机啊！

母慈子孝之二十四节气：
听说“别人家的孩子”早就报了思维提高班。

河东狮不吼：
大神，快来指点 @课代表 X 酱

课代表 X 酱：
从小培养思维能力很有必要，但报班就……

河东狮不吼：
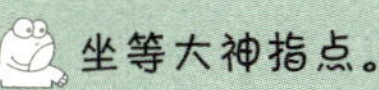
坐等大神指点。

十三
如何在日常生活中训练孩子的思维能力？

过去，在孩子的教育问题上，很多父母重知识习得，轻思维能力；现在，有不少父母已经意识到从小培养孩子的思维能力的重要性，却不知道如何去做。有人选择价格高昂的补习班，有人选择观望。培养孩子的思维能力，看似很深奥，其实，思维能力的培养无处不在，无时不可。在日常生活中和孩子相处时，沐阳妈妈通过三个方法来培养沐阳的思维能力，让沐阳在以后的学习中更加如鱼得水。

巧用“反对游戏”，将逆反心理化为质疑精神

在孩子成长的路上，你是否也常常这样束手无策：你说往东，他偏要往西；你好心情地和他商量事儿，他却满口“不要不要”，气得你忍不住大吼大叫……其实，沐阳小时候也特别爱唱反调，但沐阳妈妈知道，唱反调的孩子很多时候只是想引起大人的关注，只要给他机会、面子，他满足了，自然也就不捣乱了。同时，沐阳妈妈还顺势而为，

抓住唱反调里的游戏因素，利用“反对游戏”，不仅巧妙化解了沐阳爱唱反调的逆反心理，还将逆反心理转化成质疑精神，训练了沐阳的思维能力。

培养孩子思维能力首先要允许孩子说“不”，不要用标准答案限制孩子，允许孩子有不同的答案、不同的见解。做“反对游戏”不失为一个好办法。孩子可以反对父母说的某个词、某句话，可以全部反对，只要孩子的反对是有道理的、合理的，就算成功。比如沐阳妈妈写了一篇文章，沐阳可以反对其中的内容，自己拿出反对意见，把修改的句子写在旁边，“可以用红笔打叉叉、可以涂墨团，可以用橡皮沾唾沫擦干净、可以删掉词语、可以发明词语……”只要言之有理，能够自圆其说就算成功。在做这个游戏时，孩子不仅要动脑筋发现问题，提出不同的看法，还要说明反对的理由。孩子反对的理由或许有些稚嫩，但那里面包含着他最初的独立思想和质疑精神，一定要给予鼓励。

创设具体情境，用开放性问题打破思维定式

问题是思维的起点，发问对于培养孩子的思维能力是十分重要的。要想激发孩子学会思考，父母必须掌握向孩子发问的形式和技巧，不要只问结果对或错的封闭式问题，要多问一些有趣的、没有唯一答案的开放性问题，这样孩子才不会害怕自己说的答案是错误的，会更愿意去回答。比如，通过创设具体的情境，以“如果________，会怎么样？”

的方式和孩子玩问答游戏。我们可以和孩子一起思考：如果世界上所有的人都有一双翅膀，会怎么样？如果天空中突然出现 100 个太阳，会怎么样？设计这类问题时，可以把孩子熟悉的事物放在一种不寻常的，甚至异想天开的状态里，帮助孩子打破思维定式，激发想象力。

在回答的时候，父母要不断鼓励孩子积极思考，有意识地引导孩子大胆地将自己的创意和想法说出来，不要否定孩子的任何奇思妙想，还要积极参与讨论，与孩子一起去思考，说不定你的一句话可以激发他们产生更多想法。

认真对待孩子的每一个问题，点燃思考、探究的火把

思维是基于问题的产生而发展的，当孩子脑海里开始充满“十万个为什么”的时候，也就是思维能力提升最迅速的时候。这时，父母一定要认真对待孩子的每一个问题，不要敷衍了事，要保护孩子的好奇心和求知欲，重视孩子提出的问题，提高孩子质疑的积极性。

需要注意的是，孩子的头脑不是一个等待填满的容器，而是一个需要点燃的火把。因此，面对孩子千奇百怪的问题，父母先不要急于解答，而应该以启发为主，回答为辅。可以先问问他：“你觉得这是怎么回事呢？”让孩子充分表达自己的观点，哪怕说错也没关系。因为比起告诉孩子正确答案，引导和鼓励他说出自己的答案，并让他在这个过程中学会思考和探究才更重要。或者，父母还可以和他

一起去寻找答案，比如怎么查百科全书、字典，怎么在网络上搜索问题、查找资料，这样，一定会比你直接告诉他答案更直观，也更让他印象深刻。

非吼叫妈妈俱乐部亲子部　王静宇　供稿

共读时光：参看《沐阳上学记·2·吃数字的数学狂人》之《我就是喜欢唱反调》。

非吼叫妈妈俱乐部

偶像是虎妈：

【视频：爸爸和孩子玩游戏】

一沙一世界：

哇，你们家爸爸可以啊，还能带孩子玩！

偶像是虎妈：

哈哈哈，是啊，今天儿子是考拉，爸爸是树，这样挂半天啦。

河东狮不吼：

你们家儿子跟爸爸关系好好啊，羡慕！

一沙一世界：

就是！我们家爸爸就只会问学习情况，哪有这个耐心跟孩子玩呀，孩子跟他都没什么话可说。

河东狮不吼：

我们家就是各玩各的，爸爸拿手机，娃儿拿 iPad，两个人就没在一个频道上待过。

偶像是虎妈：

这在我们家算常态吧，反正他爸爸玩心大，也耐得住性子，所以儿子更喜欢他，什么事情都跟他商量，我有时候都嫉妒他。

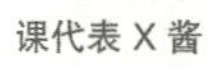
课代表 X 酱：

愿意陪孩子玩，孩子当然喜欢呀，孩子都聪明着呢！你当他是朋友，他就跟你当朋友，你把他当小孩，他就无理取闹，跟你对着干。

河东狮不吼：

看来，咱们都得跟孩子一起玩起来，不然啊，就没法跟他们交流了。

十四
如何智用亲子游戏跟孩子进行平等对话？

在传统的亲子关系中，多是父母掌握着话语权，总是优先表达自己的意愿，要求孩子配合服从，并且不觉得有什么不妥。但这样的亲子关系常常会面临孩子跟父母没有共同语言，父母不了解孩子，孩子不坦露心声，亲子双方的沟通经常无效的情况。想要获得其乐融融的亲子关系，亲子之间的平等对话非常重要，那么怎么跟孩子进行平等对话呢？亲子游戏是一个不错的沟通桥梁。

沐阳和妈妈的生活被各种各样的亲子游戏填满，角色扮演游戏、文学模仿游戏、出其不意的“逃课”游戏、球星家庭地位排行榜游戏……那些孩子更愿意跟同龄人分享的游戏，沐阳和妈妈一起完成了很多很多。这些游戏不仅令沐阳的生活丰富多彩，充满乐趣，也让沐阳妈妈更了解孩子的内心，在平等对话的基础上，亲子交流的效率更高。

有趣或无趣，亲子关系中你选择当哪种父母？

周国平先生说，“有一些正经的父母，自己十分无趣，看到孩子调皮就加以责罚，听到孩子有趣的话语也无动于衷，我真为他们的孩子感到冤枉”。很多父母在成为父母之前，还是生活丰富多彩的有趣之人，但一旦成为父母，就快速将自己定位成某某某的爸爸、某某某的妈妈，在孩子们面前一本正经，一个个成了严肃的“教导主任”。但孩子们喜欢的都是那些有趣的事情、有趣的人儿，他们可不想每天都过得一板一眼。

亲子游戏是交流亲子感情的有效途径，有助于孩子的成长和发育。只是无趣的父母常常忽视孩子的游戏，打断孩子的游戏，甚至抱怨孩子热衷游戏，平等对话如何存在呢？而有趣的父母则参与孩子的游戏，陪伴孩子玩游戏，成为孩子成长游戏中不可或缺的一部分，孩子当然愿意跟这样的父母上聊天文地理，下聊生活琐事啦。

沐阳妈妈就是一个有趣的人，她有时候是“蜈蚣娘娘”，有时候是“米糕哥哥”，还有时候是“暴躁的兔子软糖”，更多的时候她是跟沐阳一起调皮捣蛋、共同拥有很多秘密的“胖妞”“小妹”。沐阳妈妈从沐阳给她取的各种外号里感受到孩子气和童心，也了解到自己在孩子眼中的各种形象，并让这些外号在游戏中发挥作用。所以，沐阳才会“胆大妄为”，时不时化身“小弟”欺负一下“胖妞”“小妹”，毕竟沐阳妈妈只要听到自己的外号，再生气也会扑哧一下笑出声。

参与者或控制者，亲子游戏中你是哪一种？

亲子游戏的确是很好的亲子沟通桥梁，但很多父母在学会有趣地、放下身段跟孩子玩游戏时，也很难忘记自己的各种身份，忘记自己的各种生活经验，一不小心就成了亲子游戏的操控者，总想通过游戏达到一些教育目的，这样平等对话依然很难建立。对孩子而言，生活中只要是符合他们的内在动机，他们想要积极参与，并能带来愉悦感的活动都是游戏，他们享受的就是游戏的过程，游戏的目的只是获得快乐。如果父母明白这个道理，在参与亲子游戏的过程中，忘记父母与孩子的身份，忘记成人与儿童的年龄差距，成为孩子游戏中的一个角色，跟孩子找到最佳相处方式，双方成为彼此行为的体验者，平等对话就很容易实现。

在沐阳眼中，妈妈既不是站在讲台上“叱咤风云”的大学教授，也不是文采出众的儿童文学作家，而是他最喜欢指挥的“胖妞”，也是最听他话的可爱“小妹”。即使有时“小弟”嫌弃“胖妞”“小妹”是事儿很多的女人，但很明显，他很享受与“胖妞”“小妹”的游戏时光。而沐阳妈妈同样乐在其中，作为“胖妞”被沐阳欺负时，她会孩子气地要求沐阳提供反馈服务；作为听话“小妹”时，她会请求沐阳为她保守秘密，还会跟沐阳一起偷吃东西。游戏中的她，只是跟沐阳一样大的孩子，她和沐阳轮流主导游戏，他们的游戏是奔着有趣、开心、快乐去的，所以，沐阳什么事情都愿意跟妈妈分享。

跟孩子一起保持好奇心，平等对话会产生化学反应

保持好奇心，是一个成年人难得的品质，却是孩子们与生俱来的特质。回到儿童时代，我们满大街乱跑，跟朋友们一起探索各种新游戏、新事物。成长为大人后，这种好奇心和热情逐渐消失。在亲子游戏中，如果孩子成为主导者，他们会带领父母一起探寻各种未知事物，打开新世界的大门，平等对话也会产生化学反应。

沐阳妈妈与沐阳的亲子游戏没有模板和规则，由生活而来，因兴趣行动。沐阳总在探索各种各样的未知世界，打开了沐阳妈妈很多过去未曾了解的领域，比如数学、足球、钢琴……“小妹”和“小弟”在文学模仿游戏中成为未来的“世界之最”；“暴躁的兔子软糖”连足球规则都搞不清楚，却将C罗排在了家庭地位排行榜的第二名；“超级无敌笨妈妈”成为11的三次方；沐阳还给妈妈带来了“精灵十三猜”。他们之间不仅仅实现了平等对话，他们还互相影响，产生化学反应，探索更多可能性。

成长的过程犹如打怪通关，享受过程就会乐在其中，新场景、新事件、新挑战都会让人惊喜，乐趣无穷；但如果只是一味盯住终极任务，以打赢为最终目的，只是为了通关，整个过程也会变得索然无味，这对孩子、成人来说都是一样的。孩子都要享受玩的过程，只有大人们才总是

心急，忘了过程的重要。多跟孩子去玩吧，享受过程、收获快乐的将不只是孩子，收获的也将不只是快乐！

非吼叫妈妈俱乐部亲子部　闫兰　供稿

共读时光：参看《沐阳上学记·3·亲爱的妈妈妈妈妈妈》之《我家有个胖胖妞》；《沐阳上学记·4·暴躁的兔子软糖》之《暴躁的兔子软糖》。

非吼叫妈妈俱乐部

偶像是虎妈：
这次六一，你们家的孩子上台不？

一沙一世界：
还不知道呢，回去问问看。

偶像是虎妈：
蕉蕉要表演弹钢琴，可他刚问我表演那天可不可以不去上学。

河东狮不吼：
那你怎么回答的？

偶像是虎妈：
我问他为什么紧张？

老言无忌：
@偶像是虎妈你家孩子性格本身就有点内向，可能是害怕大家的目光。

偶像是虎妈：
@老言无忌是的，他说害怕出错，不喜欢很多人看他。

老言无忌：
你家孩子实力没有问题，你需要帮他克服一下紧张情绪。

课代表 X 酱：
用对方法，慢慢引导，是可以解决的。

一沙一世界：
来，各位亲，搬好小板凳，都来听我们的@课代表X酱说一说。

十五 孩子不敢上台，发来求助信号，怎么办？

每个孩子都有独特的性格特质，他们在某个特定的场所里表现出的行为也是各种各样的。比如学校在筹备艺术节，需要同学们使用“秘密武器”来展示自己，有些孩子就比较开放，跃跃欲试，主动出击，有些孩子对舞台和表演却有着天然的抵触。沐阳是属于典型的“打死我都不想上台”的类型，沐阳妈妈跟所有父母一样，希望自己的孩子能够有机会在舞台上展示自己，但是沐阳妈妈也深知，对一个腼腆的孩子来说有一个上台“曝光”的机会是多么不容易，当机会来临时，沐阳妈妈牢牢地抓住，通过三个方法，让沐阳成功登台。在演出之后，一直害怕上台的沐阳还说出了“上台其实并不可怕”这样的话，战胜了上台的恐惧。

不要直接“拆穿”，等待孩子的主动求助

在知道孩子遇到困难时，大部分父母会主动跟孩子提

出来，继而进行说教式的指导。然而不喜欢表现自己的孩子，不会轻易说出内心想法，这就要求父母时刻关注孩子的状态，尽量引导孩子主动说出自己的困难和内心所想。父母直击孩子内心脆弱的一面，无疑会增加孩子的心理压力。

如果你知道孩子遇到了什么困难，而孩子没有主动跟你说的时候，你可以通过关注孩子的行为表现找到跟孩子沟通的契机。比如沐阳在喝牛奶的时候叹了口气，沐阳妈妈就问："怎么啦，沐阳，为什么这样唉声叹气？有什么不开心的事情吗？"这时沐阳顺势跟沐阳妈妈说了自己要上台表演的烦恼。

其实，沐阳妈妈早早地就通过老师知道了沐阳要在艺术节上登台弹钢琴的事，但是沐阳妈妈故意不去问沐阳，等沐阳自己唉声叹气地说出来，因为孩子一旦说出来，就是主动发出了求助信号。从心理学上看，当孩子主动求助时，孩子呈现的是接纳的状态，他们需要更多心灵上的慰藉，父母这时候再进行引导，事半功倍。

用人生经验告诉孩子，谁都有笨拙的第一次

很多孩子不敢上台，沐阳说："我不想上台表演，好多人会看着我的。"其实这不仅仅是因为害怕众人的目光，更重要的是他们惧怕未知，因为没有上台经验，所以接下来会发生什么事情，他们是完全无法判断的，这个时候父母给孩子做好引导就十分重要。

有一种教育方式是“以己说教”。沐阳妈妈就跟沐阳讲述了自己第一次登台时的情景，让沐阳了解到每个人都会有笨拙的第一次。沐阳妈妈小时候也很惧怕上台，紧张得好像心都要跳出来了，但是这些都没什么，最后一切还是会顺顺利利地完成。这样的讲述，让沐阳在一个轻松愉悦的气氛中感受到上台也不是一件很困难的事情。

沐阳妈妈跟沐阳的谈话是一步一步深入的。上台紧张怎么办——我们可以采用深呼吸的方法；背得滚瓜烂熟的台词到了台上忘了怎么办——其实老师跟同学会觉得没什么大不了，他们会给你鼓掌以示鼓励；在台上看到观众很紧张怎么办——有一个诀窍：不要看人群，看操场、看树、看房子，很快就能平静下来。

这些是沐阳妈妈在第一次上台时遇到的问题。沐阳妈妈想通过这些让沐阳知道，在台上遇到问题的时候，应该怎么应对和补救，让孩子减少对上台的恐惧。

预设最坏的结果，失败也没什么大不了

有一个有趣的观点，叫作“伞兵思维”，它的意思是指当你置身于某一特定环境中，你要把最坏的情况作为常态，把最坏的结果作为锚点，那接下来发生的事情对你来说也都不算什么了。沐阳妈妈在引导沐阳的时候，就给沐阳做了一个最坏结果的预判。沐阳说：“最坏的结果也不过如此，这句话我记得最清楚。”其实这无疑给了孩子巨

大的信心。

在家庭生活中，如果孩子畏惧一件事，父母可以通过分析预判，告诉孩子如果这件事情你做了，你即将遇到的最坏的结果是什么，有没有什么办法能让自己接受这个结果，然后放下对这个最坏结果的预判，积极去做。

我们将问题前置，这样孩子即使失败了，但因为在自己的预设范围之内，就不至于因为不能承受结果而情绪崩溃；如果最终的结果很好，那更能让孩子认识到努力的价值，孩子以后遇到类似事件也会变得更加从容和笃定。

非吼叫妈妈俱乐部亲子部　方芊　供稿

共读时光：参看《沐阳上学记·3·亲爱的妈妈妈妈妈妈》之《我们班的秘密武器》。

非吼叫妈妈俱乐部

河东狮不吼：

What？！我家娃体检查出近视了！

一沙一世界：

王炸话题！

老言无忌：

耿耿也……

偶像是虎妈：

潜水党都被炸出来了。

河东狮不吼：

火大！这就没收手机和平板！

一沙一世界：

没用的，我已经几年没看过电视了。

河东狮不吼：

不管啦？这才多大，到18岁不得一千度开外去？

偶像是虎妈：

管太多又怕耽误学习。

偶像是虎妈：

他写作业，我在旁边提醒他要注意书写姿势，他就说我打断他的思路。

河东狮不吼：

楼歪啦，快说近视咋整，治不治啊？

母慈子孝之二十四节气：

当然得治，一起看看沐阳妈妈的办法吧！

十六
孩子近视，父母应该怎么做，才能让孩子意识到健康的重要性？

突然有一天，父母看到孩子的体检表后，就被震惊了，那么小的孩子竟然近视了！这该怎么办？在儿童近视如此普遍的今天，就这样让孩子“顺势发展”，还是尽早干预？面对孩子近视，沐阳妈妈选择了主动出击，在众多反对的声音中下定决心，以孩子的健康为第一位，让沐阳休学一段时间，北上求医治疗眼睛，并以此为重心，调整生活习惯，用实际行动让孩子意识到健康的重要性。

优先选择健康，父母重视才能引导孩子学会爱惜

健康重要，还是成绩重要？相信所有父母都会选择健康。只是在课业压力巨大、竞争激烈的大环境下，父母们往往会不知所措。“身体上坚持一下不要紧，课程落下就不好补了”“起跑最重要，不能输在起跑线上”……各种声音充斥之下，父母既担心孩子的身体，又担心孩子的成绩。

沐阳妈妈在面对孩子的近视问题上，果断做出了让沐

阳休学的决定，认为没有什么比孩子的身体更重要。这是所有父母内心的声音，可是真正面对抉择时，下这样的决心实属难得。沐阳妈妈用自己的坚定态度让沐阳牢牢记住这一点：无论怎样都要爱惜自己的身体，没有什么值得用健康作代价去交换。当父母面对健康和成绩，优先选择孩子的健康时，势必会换来孩子对自己身体的爱惜。

找到根源，矫正视力从纠正习惯开始

不重视孩子的健康，只看成绩、分数，就如面对近视不找形成近视的根源，只追着症状治疗，势必会舍本逐末。近视只是结果，父母要找到形成近视的原因，从根本上解决问题，才能事半功倍。

改正一个习惯，对孩子来说，是很大的挑战；对父母来说，挑战更大。为促使孩子养成新的习惯，父母对自己生活的安排成为先决条件。沐阳妈妈在做出让沐阳休学的决定后，重新安排了自己的工作和时间，遵照医嘱调整沐阳的饮食习惯和用眼习惯，从根源上纠正，巩固了治疗效果。

方法不止一种，要有定力，更要综合治理

对于孩子近视问题，很多父母寻医问药，方法众多，有的求助眼科专家，有的探访民间医生，还有的直接奔去眼镜店配眼镜。当班上超过 75% 的学生都近视，近视已成

为普遍情况时，如何快速有效地解决问题，不耽误课程是众多父母必须要解决的难题。面对众多方法，父母心中要有定海神针，更要“多管齐下”打好组合拳。

沐阳妈妈通过大量的调查，形成了自己的判断——在积极寻求治疗方法的同时，着手改善孩子的饮食习惯和生活习惯，关注孩子的情绪，鼓励他主动配合治疗，通过全方位调整找到最有效的治疗方式。全面持久迎战，这场“近视之战”的战果自然显而易见。

近视之战需要每天 24 小时的防控。装备上，有矫正书架、防低头警报器、矫正写字器。要加强自身训练，能看多远就看多远，尽量伸直胳膊读写，练就“千里眼”。对于一些已有的好习惯也要加强，比如规范地做眼保健操，时长和动作都要到位，保证每天 9–10 小时的睡眠时间，让眼睛充分休息。《2020 中国青少年近视防控大数据报告》特别指出，青少年近视防控需要“光合作用”，坚持户外活动必不可少。保持每天 2 小时、每周 14 小时以上的户外活动，可以让青少年近视发生率降低 10% 以上。太阳光的光照强度比室内光照强度高数百倍，光照越强，多巴胺释放量越多，而多巴胺能抑制近视的发生、发展。同时，高强度光照可使瞳孔缩小，景深增加，模糊减少，也能起到抑制近视的作用。

非吼叫妈妈俱乐部亲子部　赵研　供稿

共读时光：参看《沐阳上学记·4·暴躁的兔子软糖》之《真的休学记》《绝对不当熊瞎子》。

非吼叫妈妈俱乐部

一沙一世界：

【发起投票：你觉得孩子有必要与成年人交流吗？（有必要／没有必要）】

结果显示

有必要5票；没必要1票。

老言无忌：

这个调查不多余吗？当然要让娃多和成年人交流。

母慈子孝之二十四节气：

赞同楼上。

偶像是虎妈：

你们都这么觉得？

老言无忌：

@偶像是虎妈投反对票的不会就是你吧？

偶像是虎妈：

是的。

偶像是虎妈：

其实我很纠结呀，蕉蕉总和我待在一起，我生怕孩子患上社恐。

一沙一世界：

【链接：当妈的N种病，总有一个“引爆”你】这说的不就是我们吗？

偶像是虎妈：

全中！

十七

如何让孩子与成年人更好地交流？

是否要让孩子与成年人打交道，是很多父母纠结的问题。在沐阳妈妈看来，孩子与成年人之间建立友谊利大于弊。少年沐阳和很多孩子一样，喜欢沉浸在自己单纯的小世界里，沐阳妈妈担心沐阳成为不懂人情世故的人，会影响他未来在社会上立足。因此，虽然小沐阳更愿意参加“好玩的数学”讨论会，但是沐阳妈妈依然会经常拉着沐阳去参加自己与作家朋友们的聚会。每一个孩子都避免不了要面对各种各样的成年人，比如老师、亲戚、陌生人等，作为父母不妨尝试协助孩子探索更广阔的社交圈。

从最亲近的人出发，让孩子首先学会和父母交流

孩子最熟悉的成年人是父母，孩子与成年人交往的突破口当然也是自己的爸爸妈妈。良好的家庭教育，需要父母均“在线”，但是在亲子关系中，孩子会倾向跟父母中的一方进行更多交流。性别会影响孩子与父母的亲密程度，

比如男孩更愿意和母亲交流，而女孩更倾向于和父亲沟通。不仅如此，孩子在不同年龄阶段跟父母交流时也会呈现不同的状态。根据沐阳妈妈的经验，沐阳在进入小学之后有所转变，孩子突然不黏自己了。

实际上并不是孩子不爱妈妈了，而是这个阶段男孩的兴趣开始转变，他会更加专注男性角色给他带来的影响。这段时间是父亲影响孩子的宝贵时机，男孩此时正需要一位年长、值得尊敬的男性引导，父亲正是这一角色的最佳人选。沐阳有些话是只讲给沐阳爸爸听的，比如男生与女生的战争、在学校里惹的祸……这些都被沐阳冠以“男人的话题”的称号，是不准妈妈知道的。沐阳妈妈觉得好气又好笑，却并不介意父子俩有她不知道的小秘密。

父亲这一独特的家庭角色，本就在培养男孩时具有独特的力量，父亲与男孩相处的过程，更多是向孩子传输各种基础规则的过程，在和父亲的相处过程中，孩子也会清楚地明白，任何事情都是有规则的。对于男孩来说，父亲代表着权威，同时也是力量的象征，他不仅可以从父亲身上学会如何有边界感地与人相处，更可以习得男子气概，这也是亲子交流的关键所在。

母亲是孩子最亲密的人，当孩子有心事要找人分享、分担时，母亲往往是首选，所以在孩子偷偷和父亲分享小秘密的时候，母亲千万不要吃醋。在每个孩子的成长过程中，都需要家人的爱与陪伴，父爱与母爱是相辅相成的。母爱温柔细腻，父爱博大包容。母亲的教育能让孩子对世界寄寓温柔，父亲的教育能让孩子明确交往中的边界感与规则意识，让男孩拥有阳刚之气。

带孩子参加社交活动，创造交友空间

孩子和父母以外的成年人交流，代表着孩子从家庭走向社会，开始建立自己的人际关系。而在社会心理学中，人际交往的第一个阶段就是定向阶段，它涉及交往对象的选择，包含着对交往对象的关注、抉择和初步沟通。父母要主动带孩子参加社交活动，这是孩子与成年人交往的关键一步。为孩子营造宽松舒适的交友环境，可以像沐阳妈妈一样，带孩子走出家门，参加一些家庭社交活动，开拓孩子的眼界。让沐阳妈妈惊讶的是，沐阳竟然不怯场，还交到了朋友。很多父母都像沐阳妈妈一样，担心孩子的人际交往会不顺利，有些家长甚至操之过急，给孩子报一些人际交往的学习班。其实，社交不是件简单的事情，孩子也必须要面对，但是父母无须过于担心，友谊对于儿童来说有着特殊的意义，尊重自己想法的金波爷爷可以成为沐阳的朋友，懂数学的星河叔叔也可以成为沐阳崇拜的好伙伴。对于孩子来说，友谊是纯粹且自由的，没有规则束缚。尊重孩子的想法也很重要。要知道，孩子的择友标准和成年人的择友标准是完全不一样的，不要用世俗的眼光去看待孩子的友谊。

感情都是需要维护的，父母让孩子参与自己的社交活动，可以有的放矢地培养孩子的人际交往能力，孩子会在耳濡目染下学习父母的交往方式，从而得到成长。

把有趣的人介绍给孩子，领略千人千面

孩子并不会对所有社交活动和交往对象感兴趣，在社交过程中他们有时只是敷衍地点头微笑，有时甚至沉默不语。要让孩子释放天性，就需要有趣的人来激发孩子。所以父母要做好对交往对象的鉴别，让孩子接触到有趣的、能吸引孩子的人。

比如，和沐阳最要好的金波爷爷，就是在一次童诗年会上认识沐阳的。金波爷爷打心底里带着善意与沐阳交往，在沐阳给他送上“永远健康长受”的祝福之后，金波爷爷用幽默的话语化解了小沐阳的尴尬。金波爷爷带给小沐阳的正是年长者的关爱与接纳，沐阳也从中体会到做朋友除了要互相帮助，还需要惺惺相惜。

沐阳的另一个朋友——星河叔叔，是作家圈里最懂数学的人，沐阳在作家圈里总算遇到了知己，星河叔叔从此成为沐阳最崇拜的偶像。没有孩子不喜欢和自己兴趣相投的人做朋友！

这些不同的好朋友，都带给沐阳积极向上的力量，孩子的世界是简单的，他们会不自觉地去探索大人们看到的世界，所以大人要告诉孩子，这个世界上存在很多有趣的人和事。父母可以给孩子创造机会，让孩子多接触不同的

人与事，学会求同存异。

非吼叫妈妈俱乐部亲子部　杜燕鸿　董卫娟　供稿

共读时光：参看《沐阳上学记·4·暴躁的兔子软糖》之《神秘的万有引力》。

非吼叫妈妈俱乐部

偶像是虎妈：
【链接：军训教官被学生带跑偏是一种什么体验？】

河东狮不吼：
这些孩子是真实存在的吗？哈哈哈。

一沙一世界：
呃，尴尬，我家娃就是这样，毫不夸张，没有任何运动细胞。

偶像是虎妈：
那你提前预热一下吧，小心哪天云云就上了热搜！

母慈子孝之二十四节气：
不过以云云妈你的性格，肯定平时不带孩子出去运动吧？

一沙一世界：
在家待着多舒服呀，我们全家可以在家一直躺到天荒地老。

老言无忌：
哈哈哈，真相了，果然是你！

偶像是虎妈：
【文章：爱上运动的一千两百个理由】快去 PICK 一个你最喜欢的理由！

一沙一世界：
为了治好孩子的顺拐，看来我得牺牲一下自己了。

老言无忌：
你早该这样做了，好吗？

十八
如何培养孩子的运动习惯？

我们都听过这样一句老话：“生命在于运动。”从小培养孩子的运动习惯是非常重要的，很多父母会把学习置于运动之上，认为运动对孩子来说是无关紧要的。网上曾经流行这样一个段子：如果想让中国足球赶超世界，那么需要在高考时加上一门足球。由此可见，很多父母更在乎有“具体好处”的事情，认为体育锻炼可以等上了名校之后再进行。但运动从来不仅仅是为了让孩子拥有健康的体魄，更是为了让孩子拥有健康的人格。运动要从小抓起，就像沐阳妈妈一样，把握孩子爱玩、爱动的天性，通过一些小妙招加以引导，就可以让孩子自己爱上运动这份“苦差事”。

你敢和孩子一起“逃课”吗？和孩子一起动起来吧

要知道，运动和吃饭、睡觉一样，是人体健康运行的基本条件。在家庭生活中，开展运动能对积极的家庭关系起到促进作用。运动的形式是次要的，重要的是全家人一同享受运动带来的身心愉悦感。当孩子开始运动时，父母要做的就是强化孩子的运动意识，创造条件加入，和孩子一起运动。

沐阳妈妈是怎么做的呢？她带着孩子一起在春光明媚的日子里——逃课了！一提到“逃课”，估计很多父母已经慌了。难道是沐阳妈妈太任性，不知道孩子应该在学校里学习吗？其实沐阳妈妈只是做了很多父母早应该做的事情。虽然如今很多父母已经意识到运动的重要性，但是在升学的压力下，孩子的体育课经常搁浅。

沐阳妈妈带着孩子离开教室，来一次小小的逃离，让沐阳在足球场上踢了一场酣畅淋漓的球赛。我们所期望见到的是在绿茵场上自由奔跑的孩子，而不是一个个身体孱弱、只顾埋头苦读的书呆子。像沐阳妈妈一样，抽出时间，和孩子一起动起来，让运动融入家庭生活吧。

运动不应该成为家庭教育中的盲点，拥有健康的身体是对生命最大的尊重，父母要以身作则，养成运动的好习惯，与孩子一起运动，让孩子在运动场上尽情挥洒汗水。

选择运动别心急，找准孩子的兴趣点

孩子大多活泼好动。当孩子在你身边跑来跑去，拉着你的手，喊着“妈妈，快来陪我玩”时，你是会积极地与孩子一起动起来，还是没有耐心地敷衍几句，转身继续忙自己的事？沐阳妈妈发现，孩子到了爱动的年龄，作为父母，应该做的是顺势而为，让孩子把精力挥洒在广阔的运动场上，因为好的运动习惯既可以让孩子变得自信、乐观，还有助于提高孩子的身体机能，促进大脑发育。

对于如何选择运动项目，父母首先应该做的是让孩子在众多运动项目中找到一个他真正感兴趣的。很多父母习惯性为孩子做决定，认为孩子“还太小”“什么都不懂”“就是个小屁孩”，父母总是以先入为主的观念做一些自认为对孩子有意义的事情，将孩子的感受弃置不顾，久而久之，孩子会对父母形成过度依赖，缺乏自我认知。

沐阳妈妈虽然知道沐阳对足球的狂热喜爱，但是也曾想要对沐阳选择运动项目进行干预，不过她后来发现，沐阳是真心喜欢足球，就不再强硬地把自己的想法塞给孩子，而是为孩子提供接触足球的机会，甚至允许沐阳偶尔耍次“小任性”，允许他和爸爸一起窝在沙发上通宵看球赛。她知道，孩子需要的是父母的适度参与，而非包办一切。

父母要“投其所好”，从小为孩子树立合作意识

运动的核心在于其超越性的本质，每一次的竞争与对抗都可以让孩子了解运动中复杂的互动关系。人们有时会说身体素质很好的人是“头脑简单，四肢发达”，其实这种说法很荒谬。在运动的过程中，可以让孩子体会团队合作与良性竞争意义，既能感受到挥洒汗水时的激情，也能

在无助时收获来自队友的鼓舞。

但是很多父母也会注意到，孩子在参加体育运动的时候，可能会出现排斥队友的情况，害怕自己的同伴抢了自己的风头。其实这是因为孩子缺乏集体生活经验，所以没有与别人团结合作的意识，此时父母一定要及时加以纠正，正确引导。

沐阳在刚开始踢球的时候为了揽功，甚至从队友脚下抢球，沐阳的爸爸妈妈发现这个情况之后，马上着手进行“教学”，他们没有进行说教式的教育，而是找出沐阳平时珍爱的经典的球赛视频，将团队配合进球的案例放给沐阳看，让他看到在体育运动中配合与默契的重要性。

为了培养孩子的合作意识，可以像沐阳的父母一样“投其所好”，选择孩子可以接受的方式，把关于运动的观念输送给孩子，再让孩子在运动的过程中进行实践，他一定很快就会领悟其中的真谛！

体育运动可以磨炼孩子的性格，对孩子的人格塑造也有极大的好处，独立、领导力、协作、坚持等，都是一个人成就事业、实现幸福生活的必要品格，各位父母，有时间就放下手机，放下手头的工作，和孩子一起运动吧！

非吼叫妈妈俱乐部亲子部　董卫娟　供稿

共读时光：参看《沐阳上学记·4·暴躁的兔子软糖》之《暴躁的兔子软糖》。

非吼叫妈妈俱乐部

偶像是虎妈：

没辙了，没辙了，这下是真的没办法了！

一沙一世界：

不能吧？啥问题你不是都会用你的拳头来解决吗？

偶像是虎妈：

去你的！就是因为我每天“暴力制压”，我家那俩一直追着喊我“母老虎”，我真是欲哭无泪，当妈之前，谁还不是个温柔的小姑娘呀！

母慈子孝之二十四节气：

你可以适当撒撒娇呀，这还算问题吗？

偶像是虎妈：

撒娇的话就在嘴边，可我就是说不出来，现在我的家庭地位也是相当低了，孩子也不好好听我说话。

老言无忌：

我觉得你可以表达自己的情绪，但是你的表达方法不太对。

母慈子孝之二十四节气：

一针见血！

偶像是虎妈：

那我究竟该怎么办呢？我都焦虑了！

一沙一世界：

对头，当妈可是门大功课，且得学习呢！

十九

为什么说父母偶尔的“小任性”也是亲子生活的“调味剂”？

亲子关系是生命中最重要的关系，是一种心理依恋关系，好的亲子关系，要以好的家庭教育为基础。心理学上关于亲子关系，是这样描述的——“关系决定关系”，也就是说，亲子关系对孩子的影响是巨大的，童年时期孩子与父母之间的关系对孩子成年之后建立与周围世界的关系甚至有决定性作用。

我们经常说，孩子是上天给父母最好的礼物，孩子出现在父母的生命中，给父母带来了太多的欢声笑语与连连惊喜。父母在陪伴孩子成长的过程中，在看着孩子慢慢长大的同时，也逐渐成为更好的父母。其实，好的亲子关系是需要父母用心维护的，要掌握一些技巧，向孩子传递好的品质与价值观。

让孩子看到你的“小任性”，培养孩子的同理心

我们经常会在生活中压抑自己的脾气，因为父母始终

觉得自己要做个“圣人”，做个没有情绪的机器。在我们的文化里，在孩子出生的那一刻，就不再允许父母还是个“宝宝”，必须成为有担当、有责任心的大人，必须老成稳重。当我们看到国外父母的“弃养式”育儿方式时，总是嗤之以鼻，可是在心底，我们是否怀念那个真实的自己呢？

其实，父母也是有权利去表达自己的，不论是发泄情绪，还是表达欲望，都要把真实的自己展示给孩子。要让孩子知道，父母也有自己的真性情，也可以任性。正如沐阳妈妈在看电影时的“软磨硬泡”——遇到不喜欢的电影时就变得情绪低落，让沐阳看到，妈妈也是一个生龙活虎的“大孩子”，也是需要被体谅与照顾的。

父母在孩子面前不隐藏地“做自己”，不失为一种好的教育方式。孩子会知道，在家里是可以自由表达情绪的，也是可以有需求的。自己有坏脾气，爸爸妈妈也会有；自己有想要的玩具，爸爸妈妈也有想要的礼物。让孩子表达自己的需求与欲望，让孩子试着体会和照顾父母的情绪，可以让孩子学会换位思考，让孩子在体会别人的情绪的时候，培养其同理心，并且学会正确表达情绪，发展积极的、可共情的亲子关系。

聆听孩子的“疯言疯语”，保护孩子的想象力

父母期望孩子变成什么样子？一个懂事的小大人？一个得力的小助手？一个贴心的小公主？还是一个努力的小

学霸？其实远远不止这些！父母应该都见识过自己的宝贝突然间抛出的天马行空的问题。每个孩子好像都是天生的“段子手”，随时可以从口袋里掏出无数奇奇怪怪的想法。

作为父母，要对孩子不断思考的行为给予肯定，用积极的心态面对，欣赏孩子的童言稚语。孩子可能会像沐阳一样，认为《金陵十三钗》是《精灵十三猜》，会梦到鼻子里长葱，梦到妈妈变成了数字……沐阳妈妈对藏在沐阳小脑瓜里的想象力感到惊讶，她真心实意地与孩子分享这些奇思妙想。用心感受孩子这些质朴的想象，父母也会由衷地感到快乐。

我们一直在疑惑，为何年龄越大的孩子，想象力越贫乏？这是因为我们用固有模式束缚了孩子的想象力，长此以往，想象力也就退化了。所以，当孩子对一个你认为答案已经很清楚的问题进行思考时，请允许孩子施展奇思妙想。同时，父母和孩子在一起的时候，可以适当“装傻”，不要操之过急，不要打断、更正孩子的错误，要保证孩子是亲子游戏与亲子对话的主导者，才能让孩子自由地发挥想象力。

创建家庭内部的“专属活动”，促进孩子良性成长

在沐阳家里，有一项活动是始终在日程表上的，那就是看电影。沐阳最喜欢的事情就是和胖妞（沐阳妈妈）一起看电影了，大家都有权决定下一场要看的电影。一家人

抱着大桶爆米花，喝着热柠檬茶观影之后，还可以随心所欲发表自己的看法，沐阳对此可是非常享受呢！

一个温暖有爱的家庭不正是这样吗？没有你我之分，没有地位高低的区别，可以畅所欲言。当父母以玩的心态和孩子交流时，对形成良好的家庭氛围有很大作用，对塑造孩子的性格也起到推动作用。

丰富多彩的家庭活动，可以在无形中提高家庭成员的生活满意度。家庭活动的频率越高，家庭成员的参与度越高，越会提升儿童在家庭中的幸福感与安全感。但是，家庭在组织亲子活动时，也需要注意以下几点：

1. 亲子活动必须全员到位，不可“三缺一”；

2. 父母要放下手头的一切工作，全身心参与；

3. 多组织户外亲子活动，保持家庭活力；

4. 把主动权交给孩子，关注孩子的需求。

家庭活动是没有限制的，父母可以带着孩子一起去逛书店，一起去看电影，一起去博物馆等。父母要在亲子活动中给孩子传递积极、乐观、向上的生活态度，和孩子共同创造美好回忆。不论是什么活动，只要家人在一起就是一场完美的约会。

非吼叫妈妈俱乐部亲子部　董卫娟　供稿

共读时光：参看《沐阳上学记·5·小猪小猪噼里啪》之《精灵十三猜》。

非吼叫妈妈俱乐部

河东狮不吼：
好伤心啊！

一沙一世界：
咋了？

河东狮不吼：
我家娃最近越来越不爱和我说话了，总是喜欢把自己关在房间里。

一沙一世界：
你是不是又吼他了？

河东狮不吼：
没有没有，我天天忙得团团转。中年老母亲已经没力气吼了。

偶像是虎妈：
不管吼不吼的，反正我家娃也是这样，在我面前就像个锯嘴葫芦，都不知道他整天在想啥。

课代表 X 酱：
是不是陪伴孩子的时间太少了？

偶像是虎妈：
这还少？我天天陪着他上各种辅导班，陪着他写作业，都没有一点时间是自己的。

一沙一世界：
老母亲留下一行辛酸泪，我把空余时间都给娃了，他还嫌我碍事……

二十
父母如何做到高质量的倾听与陪伴？

如何陪伴孩子是父母之间永恒的话题。在现实生活中，父母陪伴孩子的时间和质量均有待提升。有的父母忙于工作无暇陪伴，有的父母沉溺于手机无心陪伴，还有的父母认为每天按时接送孩子上下学、陪孩子一起做作业就是陪伴。其实不然。如果按照马斯洛需求层次理论来界定，陪伴属于细腻的情感需求范畴，生理和心理正处在成长阶段的孩子需要的是生理、心理、精神、情感等多维度的、有效的、高质量的陪伴。

摒弃功利心，认真倾听孩子的心声

教育家一直告诫父母，面对孩子的教育问题，一定要去倾听。教育家强调的倾听，是去充分了解和懂得孩子的语言，从而更好地理解孩子的内心，乃至贯彻教育孩子的目的。这无疑是正确的，但在沐阳妈妈看来，有时候我们不妨试着摒弃功利心，不要把“教会孩子什么”放在陪伴的首位，不以教育为目的去倾听孩子的心声，只是享受倾听的过程、被插话的过程、争执的过程，以及彼此之间、话与话之间“打补丁”和“闹别扭”的过程。这样的交流、陪伴、沟通和交锋，就是和孩子一起成长的秘籍，是教育的最终目的和最高境界。

沐阳小时候就和妈妈定了一个规则——在他说话的时候，妈妈永远不许不听。沐阳妈妈一直遵守这个约定。每当沐阳想要分享生活的点滴小事时，沐阳妈妈都会及时放下手头的工作和生活中的琐事，专心倾听沐阳讲述，试着理解他的感受，并适时给予感情上的回应。无论沐阳有多么稀奇古怪的想法，沐阳妈妈都会认真对待，比如，用录音记录沐阳天马行空的梦；在沐阳讲述最令妈妈头疼的数学题时，也努力地认真倾听。事实上，孩子讲述自己遇到的烦心事和开心事，目的是想得到父母的理解与支持。因此，不管工作再忙，父母都应该多花时间听一听孩子的心声，他们的叽叽喳喳、他们的语无伦次，都是通往他们心门的大路，如果父母不予理睬，不认真倾听，会让孩子失去和父母沟通的兴致，甚至关闭自己的心门。好好听孩子说话，并认真回应孩子，是对孩子的理解和尊重，也是最好的陪伴。

全情投入，摒除一切干扰，安排专属陪伴时间

有些父母认为待在孩子身边就是陪伴，其实那仅仅只能算“陪着”。有些父母一边陪孩子一边玩手机、看电视，

根本没有投入精力用心和孩子相处，这样的陪伴是低层次、无效的陪伴。只有父母真正全身心投入去陪伴孩子，才能做到细致入微的观察，才可以真正理解孩子的感受，懂得他言行背后的真正需求，进入孩子的内心世界。

高质量的陪伴需要父母全情投入，摒除一切干扰。我们不妨安排一段专属陪伴时间，制定一个“家庭日”，这一天无论大人和小孩都不安排其他事，而是一起去完成一些需要协作的事情，比如共同阅读一本书，做一些亲子小游戏，一起做烘焙、制作手工、运动、画画、下厨，等等；也可以利用零碎时间——接送孩子上下学的路上、在车上的时光、睡前一小时——把这些零碎时间都利用起来用心陪伴孩子，哪怕只是和他聊聊天，认真聆听他的碎碎念也可以。值得注意的是，在陪伴的过程中，父母一定要专注，不要玩手机，也不要被其他事情占据精力，就像设立一个边界一样，把心不在焉、焦虑、生气等负面情绪隔离在外，让孩子感到舒适、快乐、安全，没有压力。陪伴，是建立与孩子沟通的桥梁，在这样的陪伴中，孩子和父母自然而然就建立起舒适、愉悦、亲密的亲子关系。

不要讲大道理！不要讲大道理！不要讲大道理！重要的话说三遍

思想家卢梭说过，三种对孩子不仅无益反而有害的教育方法是：讲道理、发脾气、刻意感动。在陪伴孩子成长的过程中，很多父母都容易陷入这三个雷区。有些父母尤其喜欢抓住时机向孩子“讲道理”，这往往让原本轻松愉快的陪伴，变得十分沉重。每一次的陪伴都有目标，每一天的陪伴都有任务，不达标、未完成任务，就觉得浪费了时间，而被陪伴的孩子，感受到的不是无微不至的爱，而是无处不在的管束和桎梏。

真正有效的陪伴，不是陪同，不是看管，不是物质满足，更不是说教和监督，而是陪伴式的倾听。父母可以找个时间放松地坐在孩子身边，不要刻意制造话题，在舒缓轻松的气氛中和孩子进行沟通，重要的不是“说”，而是“听”，千万记得要避免“指导和拷问”，避免讲大道理，否则很容易适得其反，引起孩子的反感。孩子有些时候只需要父母的倾听和理解，不需要父母教他们如何去做。如果孩子遇到一些问题需要帮助，可以进行适当引导，不要事事包办。父母适当示弱，反而可以让孩子变得更加独立。

非吼叫妈妈俱乐部亲子部　王静宇　供稿

共读时光：参看《沐阳上学记·5·小猪小猪噼里啪》之《梦见11的三次方》。

非吼叫妈妈俱乐部

母慈子孝之二十四节气：

【孩子认真写作业的照片】

母慈子孝之二十四节气：

谢天谢地！我家这位拖拉大王终于转性了！

老言无忌：

终于被你唠叨得开窍了？

母慈子孝之二十四节气：

不是！

河东狮不吼：

那是什么情况？快！有什么秘诀别藏着掖着！

母慈子孝之二十四节气：

是我家娃的班级换了个严厉的班主任，他把小毛孩们管得服服帖帖的。

一沙一世界：

我还是喜欢温和的老师，我家娃吃软不吃硬。

偶像是虎妈：

还是严厉些好，严厉的老师才镇得住那帮熊孩子。

母慈子孝之二十四节气：

对！娃现在不等我唠叨，自己就很自觉地去写作业了。

河东狮不吼：

刚把娃吼去写作业的老母亲投来了羡慕的目光……

一沙一世界：

我也想让孩子感受下了……

二十一
孩子为何更愿意听严厉的老师的话？

生活中我们常常发现，孩子在家是个天不怕地不怕的“小霸王”，而在学校里那些严厉的老师面前，却像只温顺的小绵羊，对老师说的话言听计从。甚至当孩子不听话时，有的父母还会用“告状”来吓唬孩子：“你再这样，我就告诉你们老师……”方法简单，但管用。当沐阳班里换了一位严厉的男老师后，沐阳妈妈发现，班里那些在午餐时间敢用肉丸子和胡萝卜打仗的皮猴们竟然都变成了乖乖兔，乖乖吃菜、喝汤，一粒米饭都不敢浪费，写作业也都比之前认真了许多。

管教熊孩子，有时还得靠“紧箍咒”

曾有一句话很火：“如果唐僧不念紧箍咒，孙悟空一辈子都是泼猴。”老师就好比唐僧，学生就好比无法无天的孙悟空，如果唐僧不念紧箍咒管教孙悟空，孙悟空早就跑回花果山了，哪能最后取经成功修成正果呢？对孩子来说，适当的惩戒不能缺席，有爱，有管，有教，有惩罚，这才是真正完整的教育。

沐阳班里刚换的数学老师就是一位非常严厉的老师，他嗓门大，粗线条，说话做事斩钉截铁，第一节课就给孩子们定立了明确的规矩，第二节课就把班里的“小霸王”收拾得服服帖帖。虽然孩子们在背后都偷偷叫他“熊疯子”，但因为害怕他的大嗓门，害怕被惩罚，所以每节课都乖乖听讲，每一次作业都写得整整齐齐，连等号都恨不得比着尺子来画。面对这样严厉的老师，孩子们心中存有敬畏之心，自然不敢马马虎虎应付了事。

孩子们为何更愿意听严厉的老师的话呢？首先，老师会树立明确的规矩：每天要按时到校，不迟到不早退；上课要认真听讲；放学后按要求完成作业；课上不允许随便说话；不能带手机，不能抄作业，考试不允许作弊……这些规矩是不能违反的。其次，老师会真正地兑现奖励和惩罚。另外，要求学生做到的事，老师也会以身作则。做到这三点，才会令孩子真正信服。面对熊孩子，父母不妨向老师学习这三句“紧箍咒”：认真制定规则，并用文字记录；及时兑现奖惩，不要轻易许诺却从不兑现；制定的规则自己也要做到，不要只要求孩子，不要求自己。这样，孩子才会对父母心服口服。

不止老师，父母手里也应该有一把“戒尺”

当下，被溺爱娇宠的“熊孩子”越来越多，在家中，父母舍不得管；在学校，老师不敢管，久而久之，孩子就少了敬畏心，变得任性妄为。没有规矩，不成方圆。在孩子拔节生长的关键时期，必须有人为他们整枝修叶，引导他们长记性、明事理、守规矩。我们不赞同棍棒教育，更反对体罚教育，但我们应该支持有理有度的惩戒教育。好的教育，必然是宽严相济、奖惩分明的；好的老师，必然是管教同步、严慈同体的，合理有度的惩戒与春风化雨的浸润，是教育教化的一体两面，缺一不可。

这些年来，很多媒体都在呼吁将“戒尺”还给老师。其实，我们现在所说的“戒尺”，早已不是生硬冰冷的惩戒工具，而是每个人都应持有的戒惧之心，知晓什么可为、什么不可为。老师手持“戒尺”，腰板挺直，管之有理、教之有方，学生才会有敬畏之心。这是对知识的敬畏，是对规矩的敬畏，是对道理的敬畏，只有心存敬畏，才能行有所止。

不止老师，父母手里也应该有一把“戒尺”。父母一味地迁就和让步，盲目地鼓励和宽容，只能培育出温室的花朵，无法教养出参天的大树。孩子的成长进步，需要各种各样的养分，管教批评也是其中一种。俗话说“玉不琢，不成器”。天然雕饰之材虽有，璞玉却更多；雕琢的过程虽苦，成器之后却能熠熠生辉。

父母给予老师信任，可以带来更好的教育效果

教育孩子需要父母、老师、学校相互协作，但是有的家长却经常把和老师、学校的关系搞得剑拔弩张，逼得老师对孩子管也不是，不管也不是。其实，在孩子成长的道路上，老师和父母本就担负着相同的责任与使命，那就是让孩子成才。父母不妨多给老师一些理解和信任，这样才会收到更好的教育效果。

在沐阳妈妈小时候，很多父母就怕老师不够严格。那时候，父母都是这样央求老师的："不听话，您就多管。"那时候有很多严厉的男老师，他们的教学作风粗犷，很多忙于工作的大人都希望把孩子交给这样强有力的老师来管教，有父母支持的老师们，往往能把那些天不怕地不怕的浑小子收拾得服服帖帖，浑小子们就这样皮实地长大了，更神奇的是，过去班级里最淘气、被老师管教得最多的男孩子，在成年后的班级聚会中往往和老师最亲，回忆起当年，也都是感谢老师的严格管教。这样的老师在现在或许有些不合时宜，但这种雷厉风行的教育方式往往是有力且有效的。我们不妨给予老师更多的信任与支持，教育的路上，最完美的关系就是父母信任老师，老师全力以赴，共同托举孩子走向美好的未来。

非吼叫妈妈俱乐部亲子部　王静宇　供稿

共读时光：参看《沐阳上学记·5·小猪小猪噼里啪》之《一望无垠的宇宙里的深处》。

非吼叫妈妈俱乐部

偶像是虎妈：

群里好安静啊……

母慈子孝之二十四节气：

哈哈，大家都忙着过节吧！看看我家的晚饭。【晚饭的图】

母慈子孝之二十四节气：

丰盛吧？丰盛吧？吃完这个团圆饭，明天我们要去亲戚家！

老言无忌：

被这“年夜饭”炸出来了。我家也差不多，七大姑八大姨都来了。

一沙一世界：

蕉蕉妈，你不是说你们家出去旅行了吗？@偶像是虎妈

偶像是虎妈：

别提了，排队两小时看动物十分钟，可累坏了！

偶像是虎妈：

【动物园的图】

老言无忌：

这简直是到动物园看人……

课代表 X 酱：

我也晒个图！【爸爸和女儿在做饭】

一沙一世界：

这个国庆真像过年啊！

二十二

为什么说陪孩子过有仪式感的节日很重要？

2020年的中秋节和国庆节是同一天。疫情后的第一个长假，出游、聚餐、走亲访友，一系列操作倒更像是过年，被疫情耽误的春节，神奇地在另一个团圆的节日补了回来。现在的人们好像越来越喜欢过节了。不过矛盾的是一到传统节日，人们却又会感叹“没内味儿”。沐阳妈妈当然也有过这种矛盾的感受，也思考过一个富有人文情怀的节日到底该怎么过。这是一个看起来很宏大的命题，如果非要用一句话总结，那就是——陪孩子过有仪式感的节日，真的很重要！

吃9个橘子还是放鞭炮？节日=实现梦想的日子

节日是什么？是传统习俗的延续，还是对古老人事的纪念，抑或是宗教的产物？如果父母们回想一下自己小时候过节的种种经历，可能会更好地理解孩子们眼中的节日。虽然每个节日都有特定的含义，但在孩子们眼中可能会变成一个个或幸福或伤感或有趣的故事。当孩子还不知道仪式感为何物的时候，节日就是庆典，代表着可以大玩特玩！所以你看，很少有不喜欢过节的小朋友。

和很多孩子一样，沐阳把过节当作一个可以实现心愿的日子。让孩子拥有一个这样的日子有多重要呢？欢欢喜喜过大年，“正大光明”地吃一次垃圾食品，一口气吃掉9个冰糖橘，和二伯、三伯一起放鞭炮……大人们好像也变得更宽容了，孩子平日里没法完成的小愿望，节日里都能够实现。在国外过万圣节，沐阳扮成了他最爱的美国队长，手拿振金盾，就是整条街最靓的仔！

你看不管是春节还是万圣节，都能把每个参与的人包裹在幸福里，还有什么比这更重要的呢？

别怕“瞎胡闹”，用孩子的方式过节

一个孩子对节日的态度，很大程度上与父母对节日的重视程度有关。每个有趣的节日，都能给沐阳留下难忘的回忆，沐阳妈妈的陪伴与理解必不可少。沐阳妈妈有一个好办法，就是让孩子用自己的方式过节。

有时，大人们忙前忙后地准备过节，好吃的好玩的一点儿都没少，但孩子的反应却很冷淡。这往往就是因为父母忽略了孩子在节日里的真实感受，用自己觉得正确的方式来安排孩子。碰上万圣节这样需要狂欢的节日，如果你只是带孩子去吃顿大餐，那餐桌上的食物再可口，可能也不如邻居家的一块巧克力糖甜。

沐阳在国外过万圣节的时候，为了挑衣服费尽心思。沐阳妈妈像很多父母一样，一开始也是拒绝的。沐阳妈妈放不开啊，她认为商店里的那些节日服装很夸张。你能想象一个温文尔雅的大学教授，穿着奇装异服参加万圣节party（聚会）吗？不过在浓浓的节日氛围里，沐阳妈妈的大学教授人设很快就“翻车”了。沐阳妈妈的万圣节战袍是条黑色的小裙子，她头上还戴了一圈毛茸茸的光环，背上有对翅膀。这个“变形记”，沐阳妈妈也是万万没想到的。

重视孩子的感受，让他们用自己的方式过节；而你愿意参与孩子的活动，实际上就是在用行动告诉他们：我在关注你，我很重视你，我尊重你！

盛在碗里的仪式感，也藏着爱

说到仪式感，《小王子》里有这么一段描述：“这也是一种早已被人忘却了的事。它就是使某一天与其他日子不同，使某一时刻与其他时刻不同。”现在的节日“没内味儿”，多少和仪式感缺失有关。如果一个节日只剩下消费行为，那它和普通的日子有什么不一样呢？

许多中国人的节日记忆，都与餐桌有关。寻找仪式感有多简单？看看沐阳的春节之旅就知道了！回到爸爸的故乡宝鸡，吃饺子，吃臊子面，吃大锅盔，吃擀面皮，再来点儿正宗的陕西油泼辣子……家庭中的男女老少从四面八方赶回来，吃饺子、说故事，聊一聊家长里短。这份仪式感不用通过精心雕刻南瓜，也不用通过 cosplay（角色扮演）来展示，你和仪式感只有一副碗筷的距离，这种仪式感就叫“团圆”。

五千年的文化，留下了多少有趣温馨的仪式感啊！沐阳可不是只盯着好吃的，他还去参观了三伯的新房子，给爷爷奶奶扫墓，甚至还做了回小大人，给小外甥女压岁钱。大人们对春节最美好的记忆和熊孩子们的经历巧妙重叠。平时羞于表达的爱意、缺少的互动都能在节日中补回来，“家”和“族”的概念也会向孩子传达血脉和亲情的内涵。这也是沐阳一到寒假就总想着回宝鸡，沐阳妈妈一定要带沐阳和家族亲友一起过年的原因。

有人说，幸运的人一生都在被童年治愈。童年时期让孩子感受到幸福，对孩子的性格养成尤为重要。通过一个个有仪式感的节日，孩子就能够很容易感受到被爱、被关注。生活中这些小小的仪式感和幸福感，让孩子享受了童年的快乐，等他们长大后，也会帮助他们在平凡枯燥的生活中汲取能量。

非吼叫妈妈俱乐部亲子部　李连连　供稿

共读时光：参看《沐阳上学记·3·亲爱的妈妈妈妈妈妈》之《欢欢喜喜过大年》；《沐阳上学记·9·南瓜南瓜，我来啦》之《南瓜南瓜，我来啦》。

非吼叫妈妈俱乐部

河东狮不吼：

今天又是被神兽打败的一天……我吼了……

偶像是虎妈：

话筒递给楼上这位朋友，请展开讲讲！

河东狮不吼：

别提了，我做个饭，亮亮一会儿过来说要帮忙摘菜，一会儿说要端汤，这么烫的汤，洒了怎么办？这不是捣乱嘛！

课代表 X 酱：

赞赞赞！比学霸沐阳小时候赞，学霸洗个碗都要暴走！

河东狮不吼：

暴走归暴走，沐阳是愿意做家务的呀！我家这神兽，怕是连洗碗巾都不会拿！

老言无忌：

【截图：一会儿说帮忙摘菜……】

老言无忌：

@河东狮不吼看看，你这前后矛盾的态度，老双标了。

一沙一世界：

哈哈哈哈哈，这就是你不对了，不让他进厨房的是你，骂他懒的也是你。@河东狮不吼

偶像是虎妈：

请珍惜愿意做家务的孩子。

二十三
孩子不愿意做家务怎么办？

洗碗有洗碗机，扫地有扫地机，连擦窗户都有专用机器人了！拯救“懒癌”的电器越来越多，大人亲自做家务的机会都在逐渐减少，这么点儿家务还用得着孩子做吗？也有不少父母觉得孩子最重要的任务是学习，家里的琐事不用管。孩子当真不需要劳动吗？教育部为此印发了相关文件来指导大中小学如何开展劳动课程教育。瞧，数学竞赛沐阳同学能“横扫千军”，在洗碗届人家也是“扛把子”！从一提洗碗就暴走，到坚持数年成为习惯，沐阳妈妈用了什么方法让沐阳爱上做家务的呢？其实，也很简单……

几岁做家务合适？越早开始越好

不知道父母们有没有发现，孩子对家务的感兴趣程度会有截然不同的两个阶段。小时候，特别是在学龄前，他们对做家务有一种天然的热爱，总喜欢模仿爸爸妈妈，争着要做点这做点那。随着年龄的增长，孩子的这种劳动热情逐渐减退，慢慢就进入“酱油瓶倒了都不扶一下”的阶段。

孩子小时候并不觉得做家务是一项任务，在他们眼里，抹布和扫把都是玩具，劳动更像是在做游戏。至于累，真正玩嗨了谁还会在乎累不累？虽然学龄前是培养孩子劳动习惯最重要的阶段，但很多父母觉得小屁孩什么都不会做，大部分都一手包办了。随着孩子慢慢长大，当家务在他们的生活中不再是必选项的时候，想重新养成劳动习惯就比较难了。孩子潜意识里也会觉得“这是爸爸妈妈的事，和我无关”。

沐阳也不是一开始就爱做家务的，他才不信妈妈的那一套“洗碗进化论”呢。现在是21世纪，是科技时代！生活里老早就有了洗碗机，难道不应该用洗碗机解放自己的双手吗？你看，教授老妈为了让沐阳做家务，连“洗碗会让人类进步”这种“荒唐”的理由都用上了。在沐阳妈妈为沐阳立规矩的那段时间里，和很多家庭一样，沐阳家里也是不提家务母慈子孝，一提家务鸡飞狗跳。

因此，在孩子对家务还充满热情的时候，千万不要打击他们，应该和孩子一起享受家务游戏带来的快乐，适当引导，让爱劳动的习惯自然而然建立起来。

“越帮越忙”不是父母包办的理由

“别动了别动了，我自己来吧，真是越帮越忙！”

“爸妈这么累，你怎么在家连个地都不会扫？”

相信许多父母都和孩子说过类似的话，小时候嫌弃孩子帮忙是添乱，拒绝让他们参与家务劳动，长大了又觉得他们不够体贴父母，一点家务也不做。当个孩子真是“太难了”！

这两种情况其实都是父母在“偷懒”。孩子做家务热情最高的阶段一般在学龄前，三四岁的孩子想帮忙做家务，往往“越帮越忙”，经常是折腾半天地没扫干净，又制造出一堆垃圾，父母还要重新做一遍。所以很多父母会直接上手，三下五除二就能搞定的事，何必要浪费时间？

你看，孩子不爱做家务，还真不单单只怪他们。父母太勤快、怕麻烦，喜欢事事包办，孩子主动做家务的意识就会越来越弱，更别提养成劳动习惯了。不爱洗碗的沐阳，刚开始做家务时也会不耐烦、不仔细，沐阳妈妈没有因为他做不好就放弃，而是通过不同的方式不断地提醒沐阳洗不干净就仔细一点，不喜欢碰水和洗涤剂可以戴手套，等等。适当给孩子一些建议而不是代替他做，会让孩子在试错中成长；其实也是告诉他，这是你一定要做的事，不可以逃避。

相比最后呈现的劳动成果，积极去做更重要。当小宝宝吵着要帮忙做家务的时候，给他一把扫帚、一块抹布，不要怕孩子“帮倒忙”，保护好孩子的热情和意愿，家务小能手就在你身边！

可以建立约定，切记不要“强迫”

想让孩子不排斥做家务，得慢慢把做家务这件事变得“日常化”，而不是劳动节到了，让孩子洗个碗；母亲节到了，让孩子洗件衣服。当家务变得和吃饭、喝水一样，是每天都要做的事以后，孩子自然不会觉得这是一项负担。在养成做家务的习惯之前，父母可以和孩子做个小约定，比如每天在固定的时间收拾书桌、晚饭后洗碗等，一定要根据孩子的年纪选择他容易做到的且可以坚持的家务活。如果一开始就让孩子收拾书房，打扫厕所，怕是有很多“畏难”的宝宝会直接退缩。

此外，父母还要理解，孩子不想做家务是很正常的事，毕竟很多大人也是一提到做家务就头疼，谁都想舒舒服服地躺着。父母千万不要因为孩子的拒绝而责备孩子，也不要用“爸爸”“妈妈”的身份去强迫孩子，这样很容易把孩子越推越远。

父母可以用一些小方法，比如最开始做家务时就要求全家人一起做，让孩子搭把手，做个辅助，再慢慢把整个任务交给孩子。还可以像沐阳妈妈一样，找一些好玩的理由，比方说做家务能长高、做家务是人类进化的阶梯，或是适当示个弱——“哎呀，这个事情没有你，我可真做不来！”

劳动教育不单单只是让孩子劳动、锻炼，更不是为了解放父母的双手，而是让在科技时代长大的孩子，体会劳动的意义，学会尊重他人的劳动成果，学会感恩，学会服务他人。

非吼叫妈妈俱乐部亲子部　李连连　供稿

共读时光：参看《沐阳上学记·10·再见，儿童时代》之《生日快乐十三郎》《漫威能不能拯救世界（上）》。

非吼叫妈妈俱乐部

偶像是虎妈：

亲们，咋办呀？！娃生病了，几天都不见好……

一沙一世界：

没事没事，先别慌！去医院了吗？

偶像是虎妈：

还没有，目前在家里观察，这不是疫情特殊时期吗，到底要不要去医院，家里人分歧很大，简直疯了！

老言无忌：

我看没啥大事儿，淡定，淡定！别孩子没怎样大人先倒下了。

一沙一世界：

孩子年龄太小的话，能不吃药就不吃，实在没有好转的迹象再说。

河东狮不吼：

是啊，同意，要重视但也别太紧张了，这是正常情况，每个孩子的必修课。

偶像是虎妈：

不吃药炎症退不了。娃死活不吃，见药就号啕大哭，家里人都没辙了，真的是跪了，崩溃！

课代表 X 酱：

记得沐阳妈妈在《沐阳上学记》里就吐槽过儿子生病吃药难的问题，好像她的方法蛮好的，可以参考下。

偶像是虎妈：

真的吗？！太好了，我赶紧看一下，或许有用呢，谢啦！

二十四
孩子生病拒绝吃药怎么办？

孩子突然咳嗽、发烧怎么办？长湿疹了怎么办？……孩子出生后必然会面对与各种细菌“做斗争”的过程。当孩子第一次生病时，首先紧张焦虑的一定是没有经验的新手爸妈。“一千个为什么，一万个怎么办”父母在思绪里挣扎。要不要吃药，到底怎么才能对症下药等诸如此类的问题不绝于耳。而“良药苦口利于病”这句话已是生病时家喻户晓的“妈妈牌”口头禅，但对孩子来说基本无效。沐阳小时候就最烦“希刻劳”，这个甜腻的令他作呕的粉红色药水如同一个“童年噩梦”，可是沐阳妈妈却极为淡定地把它的疗效娓娓道来，让孩子客观冷静地对待它，并鼓励沐阳把对“希刻劳太太”的怨气用写作文的方式宣泄出来，让真情实感跃然纸上。

树立“健康第一”的生命教育观，正确科普吃药的重要性

“天哪，孩子生病了！”

“怎么办，怎么办？”

人吃五谷杂粮哪有不生病的呢？是啊，在孩子的成长过程中，父母应该给孩子树立“健康第一”的生命教育理念。人类要敬畏生命，缺失生命教育一课的家庭教育不算完整。

为什么人会生病？为什么生病需要吃药？讨论这类话题就是在家里开展生命教育最巧妙的契机，作为父母一定不要错过这个机会，不妨为孩子科普儿童常见病有哪几种，如果自己遇到了这些“病菌”要如何战胜它们，以及介绍常见药的疗效，等等。抓住这些生活中的小事来进行亲子生命教育，何愁孩子抗拒、抵触“希刻劳”呢？

以化繁为简的方式为孩子推开生命教育理念的一扇窗，通过了解、认知、熟悉和掌握的递进式讲述，向孩子传递生命健康的重要性，唤醒孩子的生命意识，促使他们更愿意配合父母对抗疾病，激发孩子对自己和他人生命的尊重与珍视，一举多得。

不同年龄段的孩子吃药方法各异，你家娃适合哪一种？

在孩子的成长过程中，躲不开的一课就是生病吃药。父母往往有各种奇葩的喂药方法，例如，把药放在饮料瓶子里哄孩子喝；把药搅拌在饭里，等等。其实，孩子抗拒吃药很正常，如何巧妙化解喂药难题考验父母的育儿智慧。

针对不同年龄段的孩子可以采用不同的策略，这样就避开了每次吃药面临的“大型车祸现场”。对于婴幼儿，父母可以分多次喂，类似吃饭的“少食多餐”。每次吃一小部分，这个方法简单易操作，孩子不需要长时间大口吃药，孩子和大人的心理负担都会减轻。

其次，可以把药混合在其他食物或者饮料中。但使用该方法的前提是事先咨询医生能否将特定药混入食物或饮料中。特别要注意的是，将药混入果汁中时，果汁切记不能多，这样孩子既能喝完果汁，也顺便吃了足够量的药。例如，橙汁、猕猴桃汁 VC 含量高，梨汁润肺，都是生病时不错的选择。可以为孩子营造较为轻松的环境，用孩子不易察觉的方式，趁其不备喂药；还可以抓住孩子看动画片等时机，见机行事。

可是对年龄大一些的孩子来说，上面的方法就没那么有效了。就像沐阳妈妈在劝沐阳吃药时那样，她会把健康的重要性告诉他，同时通过介绍药物成分和药理作用，让他更好地了解药效，这比说无数句“良药苦口”更为奏效。

父母是孩子最好的“心理药剂师”

对于新手父母而言，孩子生病时，大人首先要闯过心理关。这是每个爸妈都要经历的必修课。沐阳妈妈淡定的处事智慧先给孩子吃下了一颗“定心丸”，这比什么灵丹妙药都有效。

如果父母先乱了阵脚，头脑一热就有可能做出不理智的判断，反而会延误治疗。重视而不过度焦躁，是孩子生病时父母应有的状态。孩子生病时，有父母在身边，孩子本身就更心安些，所以这时身心脆弱的孩子更需要爸爸妈妈的呵护。可以尝试用幽默调侃的沟通方式来化解、转移孩子关注的焦点，分散生病的不适情绪，让孩子以后回忆起生病的经历时感受到的都是美好与温暖，从而打消孩子对生病吃药的抗拒感。

有些父母的出发点是关心和爱护孩子，却往往采取简单粗暴的方式来哄骗、强迫孩子吃药。捏鼻子强灌、掐着嘴强喂等做法都十分不可取，这会让孩子越来越恐惧和抗拒吃药。特别值得注意的是，吃药时一定要严格遵医嘱，饮食也要清淡。如果家里有祖辈一起生活，也要安抚好爷爷奶奶、外公外婆的情绪。

非吼叫妈妈俱乐部亲子部　李婷　供稿

共读时光：参看《沐阳上学记·3·亲爱的妈妈妈妈妈妈》之《粉红色的希刻劳先生》。

非吼叫妈妈俱乐部

河东狮不吼：

娃的字写得一塌糊涂，被我撕了，猪队友说我要求太高。

母慈子孝之二十四节气：

熊孩子在地上打滚玩，他爸不但不管，还说那叫不拘小节。

一沙一世界：

哈哈，向我学习，向我看齐，不听不看不想不累。

偶像是虎妈：

好队友完胜一切！补脑，补脑……

偶像是虎妈：

【链接：好父亲必读的十大经典书籍】

老言无忌：

@一沙一世界你这是亲妈吗？？？

一沙一世界：

那咋办？天天干架！

偶像是虎妈：

少安勿躁，修炼、修炼、再修炼……

河东狮不吼：

@课代表X酱呼唤大神，快出来，求正解！

老言无忌：

再不出来要打起来了啊！

课代表X酱：

谢谢投票，擒贼先擒王，看招！

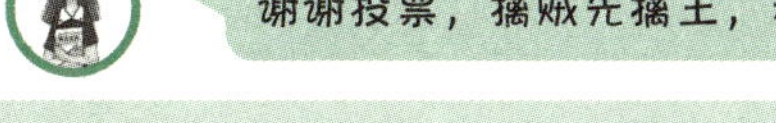

二十五
为什么说爸爸是孩子成长道路上最好的引路人？

在养育孩子这件事上，父亲和母亲同等重要。只不过，角色不同，分工有别。可是，在日常生活中，父母常常是各执已见，争得面红耳赤。妈妈说，饭前必须洗手，否则不能吃饭；爸爸说，偶尔忘记了也没关系，下次记住。妈妈说，字迹要写工整，不然撕了重来；爸爸说，先保证写完，慢慢进步。妈妈说，不准打游戏，会近视；爸爸说，偶尔打一下没关系，放松放松……俗话说：一人行，行得快；两人行，行得远。父母要成为育儿路上的“黄金搭档”，可不是红红脸就能搞定的。

到底听谁的？在这个问题上，沐阳的爸妈和谐一致，走出了协调的步伐。

母爱代表细腻与温柔，父爱代表方向与榜样

和大人一样，孩子们也会有心事，它可能是一个小秘密、一个小愿望，抑或是一个小目标。很多时候，他们不知道

如何消化这个小心思，是说出来，还是保密，如何达成更是未知。小队长沐阳想当中队长。熟谙儿童心理的沐阳妈妈充分尊重孩子的想法，利用放学路上的时间，像朋友一样跟儿子聊天，让沐阳意识到有这样的想法非常正当。不过，妈妈并没有给出建设性的意见。

像其他孩子一样，沐阳偶尔也会撒个小谎。沐阳借口练英语听力，窝在房间写拉票字条。没想到爸爸搞突然袭击，沐阳被逮了个正着。如果你是沐阳爸爸，会怎样做？批评沐阳撒谎，还是责怪他不务正业，或是语重心长地教育他一番？听起来这更像妈妈干的事，不太像爸爸的风格。的确，沐阳爸爸也没有那么做。相反，他还夸赞儿子的主意棒！请记得，爸爸的支持与鼓励会让孩子自信心爆棚！

“请投我一票吧”，父亲遇事更具有计划性

在沐阳父母心里，生活本该是生机勃勃、充满活力的。孩子的世界更不应该只被数字、单词充斥，竞选中队长也很重要。对孩子们来说，这就像成人参加竞选一样刺激。如何成功拉票？这是爸爸最关心的。关键时刻，没有什么比给出最有效的计划更给力。不得不说，爸爸是个好军师，出谋划策最在行，解决问题最拿手。话不多，句句正中要害。“请投我一票吧”，这个想法应该大大方方地让同学们知道。于是，他开始条理清晰地引导沐阳：第一，如何把字条送到同学们手中；第二，放哪个位置，字条最容易被发现；

第三，鼎力支持，做最强大的后盾，祝儿子成功。此处应该有掌声！沐阳爸爸态度明确，有格局，有思路，有计划，无形中释放了孩子的压力，也激发孩子主动思考。

现在，请妈妈们回想下，现实生活中的爸爸们有哪些做得好的地方，是不是更应该放大这些优点，把提着的心放下来，送爸爸们几个“大拇指”，让他们有足够多的空间来展示男性的力量与睿智，让孩子们更多地享受理性光芒的指引。把忘记洗手、不刷牙、字迹不工整、看电视、打游戏、耍赖皮、说话不算话等烦心事统统交给爸爸们来搞定，相信你会收到惊喜！

父亲易培养孩子的生活智慧

父母是站在同一条战线上共同养育孩子的。在孩子成长的道路上，父母双方保持良好的沟通是重中之重。

沐阳妈妈的工作需要常常出差，她依然与丈夫保持密切联系，心系儿子成长中发生的点点滴滴。电话一头，沐阳爸爸耐心地讲；电话另一头，沐阳妈妈用心地听。多么和谐美妙的画面，没有啰里啰唆，没有喋喋不休，没有指责，没有埋怨，每个人都尊重对方的做法。沐阳想当中队长，指导他不遮遮掩掩，不鬼鬼祟祟，而是大大方方、光明磊落地拉票竞选。沐阳妈妈赞同丈夫的做法，佩服丈夫的智慧。与其说是爸爸睿智，倒不如说是夫妻双方的互相尊重、不固执己见给了各自展示自我的机会。沐阳妈妈坚信，爸爸是孩子成长路上最好的引路人，爸爸有着妈妈无可比拟的理性思维和格局，爸爸看似粗枝大叶，做起事来却井井有条，他不经意间迸出的“鬼点子”恰恰最接地气，鬼斧神工地教会孩子生活的智慧。妈妈只需要默默地欣赏足矣。

非吼叫妈妈俱乐部亲子部　武秀峰　供稿

共读时光：参看《沐阳上学记·3·亲爱的妈妈妈妈妈妈》之《请投我一票吧》。

非吼叫妈妈俱乐部

一沙一世界：

@所有人【分享视频：什么时候奥特曼能收走我的怪兽妈妈？】

偶像是虎妈：

可别说，有一次我错怪了我家蕉蕉，他就这么喊我，一直喊到现在，这可能是小孩们新兴的流行语？

老言无忌：

这么喊你肯定是有原因的，你都没有找找原因？

偶像是虎妈：

蕉蕉说，因为我没有和他说对不起。问题是我咋对他一个小屁孩开口道歉呢，你们来评评理，我说的对不对？

河东狮不吼：

我支持你，不然身为父母的威信何在？

老言无忌：

做错了事情就该道歉呀，你不是号称要做孩子的标杆吗？@偶像是虎妈那孩子做错事，他须要向你道歉吗？

偶像是虎妈：

那肯定的呀，做错事必须道歉！

老言无忌：

所以你看，你这完全就是双标，怪不得孩子喊咱们“怪兽妈妈”！

二十六
父母如何给孩子道歉？

网络上有一句话很流行：“所有的父母都在等待一声‘谢谢’，所有的孩子都在等待一声‘对不起’。”“金无足赤，人无完人”，每个人都会犯错，父母也是如此，那究竟为什么孩子很难等来父母在做错事之后的一句道歉呢？因为大多数父母会放不下自尊，磨不开面子，认为说“对不起”有损自己的威严，因此导致与孩子之间生出嫌隙，长此以往，不利于家庭亲密关系的发展。其实，当父母做错事，抑或是违背自己的诺言时，如果能够真诚地向孩子道个歉，更有利于孩子养成尊重自己、尊重他人的习惯。沐阳妈妈也曾有过情绪失控的情况，在得知沐阳近视之后，对着沐阳大声嚷嚷，她和多数父母一样，吼出来之后便后悔不已，不过她没有一味沉湎于坏情绪当中，而是找到与孩子和解的最佳途径，并且让孩子在耳濡目染中懂得承担责任的重要性。

放下身段先道歉，安抚情绪放首位

父母与孩子在家庭中是平等的，孩子在成长的过程中会犯很多错，父母会纠正孩子的错误并且教导孩子承担自己的责任；同时，父母也会忘记兑现自己的承诺，会误解孩子的行为，会一时无法控制自己的情绪向孩子发火。此时，父母应该做的不是回避这些问题，而是真诚地向孩子说声“对不起”！

当沐阳有天回来告诉沐阳妈妈他近视了之后，沐阳妈妈没控制住情绪——“炸毛”了，事后她瞬间后悔，意识到自己用情绪来代替判断非常不合适。她首先让自己冷静下来，再把沐阳叫到自己身边，诚挚地向沐阳道了歉。

和沐阳一样，很多孩子在接收到父母的不合理要求后，会做出反抗行为，并在感情上逐渐和父母疏远，所以父母第一时间要做的不是自责，而是抚慰孩子，一句安慰的话恰恰是安抚孩子最好的安定剂。

父母及时承认自己的错误，并向孩子道歉，孩子便会对父母产生信任，同时，孩子也会认识到，承认自己的错误并不是一件羞耻的事情。

每个孩子都是敏感的小天使，他们会捕捉父母不经意间的一句话、一个动作，甚至一个眼神，也会“有样学样”，脾气变得阴晴不定，暴躁无常，所以父母的情绪泛滥往往会起到反作用。在亲子关系中，父母要学会做个敏感的人，既要密切关注孩子内心的变化，也要时刻反思自己的行为。

主动请孩子帮帮忙，道歉也要有套路

很多父母在犯错之后，不知道采取什么方式向孩子道歉才能让孩子更容易接受，因此选择了沉默，并安慰自己“孩子还小，肯定转眼就忘了”。殊不知，这会成为孩子心中迈不过去的一个坎，影响孩子的人格发展。

其实父母向孩子道歉也是需要技巧的，一封诚意满满的“道歉信”，一顿色香味俱全的美食佳肴，或者是一个孩子最喜欢的玩具都可以成为歉意的载体。沐阳妈妈更是有自己的小妙招，她是怎么做的呢？

她深谙孩子世界的法则，知道孩子眼中无小事，在孩子看来，父母对他的吼叫或者在承诺上的失信就是不爱他的表现。沐阳妈妈在道歉之后发现，沐阳心理上还是对她有所抗拒。为了让沐阳真正打开心房，她决定“套路”一下沐阳，她拿出沐阳最喜欢的数学题，开始对着沐阳撒娇，问他：“能不能教教妈妈这个怎么做呀？”“帮帮小胖妞好吗？”多央求几次，沐阳开始和妈妈细细讲述，无须多言，沐阳妈妈就知道，沐阳从心底接受自己的道歉了。怪不得很多孩子会感慨：走过最长的路，就是父母的套路。

与孩子就事论事，回到事情原点

知名的道歉专家艾伦·拉扎尔在自己的书《道歉的力量》中提及，无论是人与人之间的交往，还是国与国之间的邦交，道歉这一行为都十分重要。父母在掌握了道歉的方法之后，不要忘记还有最为关键的一步，那就是和孩子回溯事件，找出解决问题的最好方案。

处理好情绪之后，就该处理事情了。沐阳妈妈想到，自己与沐阳的矛盾说到底就是近视问题，那最要紧的就是着手解决这个棘手的难题。首先，她安抚孩子的情绪，不给孩子增加额外的精神负担；其次，她现身说法，尽量客观地将自己的亲身经历讲给沐阳，让沐阳对此产生足够的重视；最后采用家庭会议的方式讨论矫正近视的方案，让每个家庭成员都拥有平等的发言权。

沐阳妈妈就近视事件的处理方式，给很多父母提供了一个在家庭出现矛盾后可参考的处理方式模板。但父母们要注意，对孩子现身说法，并不意味着喋喋不休地讲道理，道理讲得越多，孩子反而离你越远。道歉虽是帮助和解、修复破裂关系的必要行为，但不是最终目的。父母就是家中的风向标，父母做事的方式也时时刻刻影响着孩子，在遇到事情时，逃避现实是最不可取的。儿童不是由父母培养大的，而是从父母那里捕捉成长所需的东西，一步一步长成骄傲的大人的。

非吼叫妈妈俱乐部亲子部　董卫娟　供稿

共读时光：参看《沐阳上学记·4·暴躁的兔子软糖》之《呃，熊孩子近视了》。

非吼叫妈妈俱乐部

课代表 X 酱：

【链接：这类亲子阅读网红打卡地，宝爸宝妈画重点啦！！】

母慈子孝之二十四节气：

我看到啦，最近很火的，纠结很久了，你们说要去打卡吗？最近孩子精力太旺盛，做作业不专心，还会睡前抗议：凭什么我先睡？晕了。

河东狮不吼：

我也想去来着，没时间啊！

一沙一世界：

去不去都行，佛一点。@河东狮不吼

偶像是虎妈：

谁说不是呢！好久没陪孩子一起出去玩了，最近天天加班到深夜，一天见不着几分钟醒着的娃。

老言无忌：

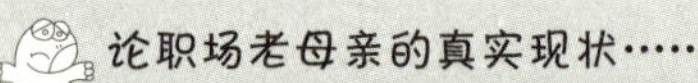

论职场老母亲的真实现状……

河东狮不吼：

别说去打卡了，晚上回家能有时间和崽聊聊天也行啊。

一沙一世界：

那真是难，云云每天睡前的宝贵时间都是留给动画片的。

母慈子孝之二十四节气：

建议找个网上亲子阅读营地，求大神支着儿。

二十七
睡前一小时，如何打造黄金亲子时间？

每个妈妈在孩子长大成人以后，都会发出这样的感慨："还是孩子小时候好啊！懵懂又天真，可爱又纯粹。"你陪我长大，我陪你慢慢变老，这似乎已经成为很多父母内心"永恒的第一秒"，美妙而不可言传。儿童阶段的高质量陪伴对孩子来说非常重要，在沉浸式陪伴中，拉近亲子关系，"我说过的话只有你知道"，这简直太赞了！但不少父母工作繁忙，经常需要加班，特别是双职工家庭，孩子能得到陪伴的时间少之又少。沐阳妈妈不是全职太太，但作为教授的她要给本科生和研究生上课，同时作为一名作家，她还要为读者写作，被编辑催着赶稿子。不过她有一个小妙招——抓住睡前时间！时间少，那就提升陪伴效率！

身心轻松的黄金时间，适合说一说心里话

把睡前一小时打造成"黄金亲子时间"，一方面是因

为沐阳妈妈白天工作忙实在抽不出时间，更重要的原因是，睡前是父母和孩子一天中最放松的时间，很适合聊天说一说心里话。

父母会发现，睡前一小时是一个特别容易让孩子敞开心扉的时刻，沐阳妈妈认为，一个孩子在独自去往黑夜梦乡的途中，似乎格外依恋白天里生龙活虎的世界。在他们小小的内心深处，恰好需要这个“睡前仪式”：沐阳口若悬河的话语里充满好奇心和想象力，这样的光芒同样折射在爸爸妈妈心上，映出耀眼又狡黠的月光。

当然，一开始父母如果不知道从何说起时，亲子共读是个不错的选择。细心观察不难发现，很多有心的父母都有陪伴孩子阅读的习惯，而且一坚持就是几年。可能是在每天饭后的闲暇时光，可能是在孩子做完作业后，还有很多父母用共读陪孩子入眠。

睡前陪伴还有一个隐形的好处。现在的孩子喜欢在睡前玩手机、游戏，手机发出的蓝光会影响孩子的睡眠质量。如果利用这段时间和父母聊聊天，远离电子产品，睡眠质量也会得到提升。

身边小事也是大文章，时刻感受被关注

讲故事、聊天、轻松地回忆一天中的小小经历都是很好的选择。大人眼中的“小屁事”却是孩子世界里的大事，如果爸妈听得认真入神，孩子就能感受到自己被关注、被

肯定。

这样，孩子和父母之间也就慢慢建立起了信任感，“你很重要”“你说的我都懂”，写在眼里和心上的态度无形中转化成孩子自信和勇气的来源。沐阳妈妈发觉在睡前的这段感性时刻，沐阳特别愿意接受引导和建议，愉快和融洽的情绪在亲子间发酵。

在交谈中，孩子天真的想法与成人的眼光碰撞时，不仅会影响孩子，也会给大人看待事物的角度带来新启发。父母谈吐中流露出的态度是温和的，也就留给孩子足够的发散思考的空间。

少说多听，孩子才是主角

抓牢睡前一小时，实现高质量的亲子陪伴。切记不要张口闭口就是“这都是为你好”，也不要在孩子刚刚开口后就频繁打断他的表达；即使他在你眼中说得不够流畅，表达的只是只言片语，也要学会耐心地倾听，语音放缓、音调降低，保持吐字清晰。让孩子在与你交流时放下顾忌，真正做到敞开心扉。

慢慢地，你会发现，父母少说多听换来的是孩子愈发流利顺畅的表达，他们描述的细节中透露着平日留心的观察。即使是白天遇到不开心的小事，他们也会在讲述后“学会放下”，从心底意识到“原来这不算什么”。更不要在未全面了解实情的基础上，草率地表态或是一味地指责孩子。首先应该安抚孩子的情绪，再详细倾听、了解，告诉孩子不管遇到什么问题爸爸妈妈都会永远支持他。

非吼叫妈妈俱乐部亲子部　李婷　李连连　供稿

共读时光：参看《沐阳上学记·2·吃数字的数学狂人》之《永恒的第一秒》。

非吼叫妈妈俱乐部

偶像是虎妈：

咋整，这半年孩子弹琴没啥进步啊！

一沙一世界：

你家不是刚过了八级吗？怎么没进步呀？

偶像是虎妈：

就是过完八级后跟潜水了一样，稳步不动啊！车尼尔 299 还没弹过，跑动速度也没起来，最主要的是现在一首曲子要 3-4 周才能过。

一沙一世界：

我之前听老师说很多孩子十级过了，车尼尔 299 没过的也有，你不要心急。

河东狮不吼：

潜水了怕啥？学琴是波浪式前进、螺旋式发展的过程，过段时间你还得操心，娃儿就变成火箭，一飞冲天了！

偶像是虎妈：

哈哈，我倒是想，但是现在有没有什么好方法帮他度过瓶颈期呀？

一沙一世界：

同求！

课代表 X 酱：

沐阳不也是一枚琴童吗？咱们看看沐阳妈妈怎么做的！

二十八

家家有本难念的“琴童经”
——孩子琴艺止步不前，怎么办？

有多少琴童，就有多少琴童的父母，如果你去问这些琴童和琴童父母的感受，他们的回答里一定有这两个字：“苦”“累”。确实，日复一日，年复一年的练琴学琴过程，需要琴童耐得住寂寞，父母忍得了虚荣和焦虑。还记得沐阳犯的各种“琴童症状”吗？一练琴就想吃糖、上厕所；琴键好硬、琴凳也好硬；就连打嗝放屁也成了练琴的独特“综合征”。或许如果真的像沐阳说的那样，世界上得设立“琴童治疗门诊”，这些症状才会得到解决吧。不过，既然开了头，路漫漫其修远兮，因为练琴而出现的问题都是能够迎刃而解的，别急，我们跟着沐阳妈妈一起慢慢来！

虚荣、焦虑需克服，初心不改，方得始终

陪同练琴和辅导作业一样，父母稍不留神就会控制不住体内的洪荒之力，原地“爆炸”。父母情绪失控还能自我调整，但如果因此让孩子失去学琴的信心和动力，未免

得不偿失。陪练这个事情就是：孩子练琴艺，父母练情绪。

有些琴童的父母就喜欢这么干：还没上两个月的课，就要催着老师教孩子曲子；刚学了一年，就急着让孩子去考级。于是，孩子对音乐的喜爱就这样消解了。还有些父母喜欢向人炫耀，动辄要求孩子给亲朋好友表演一曲，孩子会误以为学琴的目的是取悦他人，为父母而学琴。所以在要求琴童克服琴艺问题的时候，琴童父母得先学会控制自己的情绪，虚荣、焦虑、暴躁这些可都是琴童学琴路上的大障碍。

沐阳的琴童路走得也不轻松，正如沐阳妈妈所说，学琴过程中一遇到难题的时候，谁都容易急躁，不过，越是遇到问题的时候，越要心平气和，与老师沟通，与孩子沟通。

父母的平常心对琴童来说非常重要。回想让孩子学琴的初衷，父母们不见得期待他们一定要变成音乐家，一定要考上音乐学院，那个最质朴的希望就是但愿孩子能有一个特长，希望音乐能够陪伴他们成长。那么，请不忘初心，整理好自己的情绪吧，琴童会回馈给你日渐精益的琴艺，等待惊喜吧！

运用孩童语言，生动讲述人生经验

“你们知道吗？郎朗这个人有多厉害！他弹琴的时候，手像蝴蝶一样飞来飞去，看得我眼花缭乱。我不觉得那是人的手，要么是机器人的手，要么是外星人的手，有无数机关，只要关节轻轻一抖，一连串音符就自动出来了。”沐阳如是说。

如果你认真看沐阳李和李沐阳的对话录，你可能会进入另外一个世界，毕竟这两个琴童每日对话的语言体系自成一派，已经成年且不练琴的你即使花费很多时间，都不见得能真正读懂他们的意思。

儿童的语言体系本来就区别于成人的语言体系，而且每个儿童的语言体系不尽相同，如果你花时间认真观察自己的孩子，并经常用他们的语言与其沟通，你会发现世上无难事，只要听得懂。

沐阳的琴童之路，除了遇到过让母子俩头疼的技术难题，还遇到过让沐阳瑟瑟发抖的挑战：学校的文艺节上的四手联弹让沐阳心生胆怯，他不免表现出了退缩，而这个时候，沐阳妈妈的引导极为重要。沐阳妈妈给沐阳说了自己上台的经历，当然可能很多父母在遇到同样的情况时，也会举出自己窘迫的类似事件，但很多时候家长可能更多的是以过来人的身份、成年人的语气告诉孩子这件事并不难；可在跟沐阳沟通的过程中，沐阳妈妈都是用沐阳常用的语言和他沟通，比如：当时我觉得我跟死了也差不多；我觉得我的心不在身体里，就在地上，在演出的舞台上跳来跳去。这些儿童语言让原本对妈妈的童年往事没什么兴趣的沐阳笑了起来，而这之后，沐阳妈妈讲的道理沐阳都听了进去。

运用儿童语言交流不是一件难事，平时多跟孩子聊孩子的事，跟孩子聊自己的事，平等地与孩子沟通，不批判、不鄙视、不无视，慢慢地，就会形成属于亲子之间的独特的语言体系，而这会更好地帮助父母解决孩子成长过程中遇到的问题，“琴艺止步不前”的问题自然也不在话下啦!

调用熟悉领域的经验，迁移联想助解析

琴童的进步不是直线上升的，每个孩子在学琴的过程中都会遇到不止一次瓶颈期，持续时间短则几个月，长则半年、一年，而导致学习进入瓶颈期的原因很多，所以琴童父母在调整好情绪并通过儿童语言给予孩子正向引导后，如何帮助孩子解决具体困难，就是紧接着要做的事情，而这个时候就需要采用孩子能快速理解并接受的方式。

每个孩子都有自己熟悉的领域，比如数学、写作、舞蹈、绘画，如果孩子在学习陌生领域的知识和技能时，能够调用他们熟悉领域的经验解析他们遇到的困难，并实现两者之间的迁移与联想，很多问题就会变得更加容易理解，也能得到更好的解决。

沐阳妈妈做了一个很好的示范：音乐段落里的转折是需要停顿的，把握这种停顿需要从情绪转换到技术上，而音乐的情感，孩子理解起来有些抽象，这个时候，沐阳妈妈以《安徒生童话》来解释“转折”，熟悉的童话故事让沐阳很快领悟了不同情绪之间的衔接和转换，他的表现让妈妈惊喜。

琴童之路没个头，琴童父母任重道远。不忘初衷，讲

究方式方法，家里的“琴童经”念起来真的没那么难！

非吼叫妈妈俱乐部亲子部　闫兰　供稿

共读时光：参看《沐阳上学记·3·亲爱的妈妈妈妈妈妈》之《弹钢琴的是LILI》；《我们班的秘密武器》。

非吼叫妈妈俱乐部

河东狮不吼：

【链接：教孩子做作业，家长情绪失控打孩子的视频】

母慈子孝之二十四节气：

今天这是要炸群啊，这也太吓人了吧！

河东狮不吼：

我看视频的那一刻还挺害怕的，带孩子这些年，我情绪失控的时候也很可怕。

一沙一世界：

带孩子，哪有完完全全情绪不失控的时候，孩子刚出生那两年，我不是产后抑郁吗？发脾气倒是少，就是经常哭，有几次当孩子面哭还吓到过孩子，现在确实好点了，但有时候一着急还不是得吼几句吗？

偶像是虎妈：

大家情况差不多，我们家爸爸就好很多，他跟孩子几乎没红过脸，所以孩子喜欢他远多过我，对他的话也是更听得进去一点。

河东狮不吼：

我还专门去查了一下父母的情绪对孩子的影响，专家说这种影响会伴随孩子一生。

二十九

父母情绪失控，会给孩子造成什么不良影响？

网上常常有评论说：“世界上最可怕的事情之一就是父母这份‘职业’不用持证就能上岗。”在家庭生活里，情绪失控造成的语言、行为暴力无处不在。很多时候，失控的情绪一步步把我们变成面目可憎的恶魔，我们无意诉诸暴力，却总是把崩溃之穴留给了孩子。在亲子关系中，无论是父母还是孩子，都是需要不断成长的，而在这个成长过程中，如何处理好自己的情绪是父母的必修课。沐阳妈妈也曾有过情绪失控的情况，因为沐阳视力下降，她对沐阳劈头盖脸地发过脾气，而这样的情绪失控造成了沐阳沮丧不安、忐忑畏怯，还让他产生了“我不如别人”的心理暗示压力，好在沐阳妈妈很快调整了自己的情绪，与孩子一起面对问题，解决问题。

情绪失控现场，孩子遭受身体与心理的双重伤害

纷繁芜杂的情绪，就像一个个指示灯，显示在我们的

表情上，呈现在我们的言语中，反映到我们的动作里。喜、怒、哀、乐，无论是哪种情绪原本都是正常存在的，但当指示灯变成红色，情绪失控时，我们的表情、语言、动作都会偏离正常状态。轻微失控时，斥责、惩罚；严重失控时，疯狂、辱骂、虐打随之出现，造成的后果常常不堪设想。近年来，情绪失控造成的暴力在我们的家庭生活中无处不在，父母因孩子不听话、作业未完成等小事而情绪失控，虐打孩子的事情屡见不鲜；而由于父母情绪失控，孩子当做出过激行为的情况也屡有发生。父母情绪失控，孩子遭受的是身体与心理的双重伤害。

沐阳是幸运的孩子，在他的成长过程中，妈妈虽然有点啰唆，但性格温顺柔和，鲜少出现情绪失控的情况，但如同沐阳妈妈所说，每个父母都有失控的时候，沐阳体检发现视力下降后，沐阳妈妈也曾情绪失控过，大声嚷嚷、一顿吼叫，发泄自己对沐阳平时不爱惜自己眼睛的不满。沐阳妈妈清楚地记得情绪失控现场沐阳的状态，沐阳先是耷拉着脑袋，忐忑、胆怯，接着神情转为委屈和愤恨，他含着泪，用手背抹去眼泪，梗起脖子，情绪激动地大叫着跑了出去。孩子面对父母往往没有反抗能力，沐阳妈妈只是大声嚷嚷，就对沐阳造成了一定的伤害，更何况那些行为过激的父母呢！

情绪影响性格，性格决定命运

如果你花时间认真观察自己的孩子，观察孩子如何看待自己，如何回应他人，然后通过孩子的行为回想自己与孩子相处的过程，你会发现孩子的每一种行为特质都能对应到你们相处的细节中，孩子是在和父母互动的过程中，逐步形成对待自己和对待他人的价值观与人生观。

如果父母容易情绪不稳定，经常失控，孩子往往敏感多疑，形成消极的观念，他们常常会这样看待自己：我不够好，都是我的错，我是一个不重要的人。孩子会把这种消极观念带入他们成年后的生活，对成年后的生活情境、人际关系、亲密关系做出消极的反应。父母容易情绪失控，孩子的情绪调适能力往往非常低，孩子通过观察，逐渐习得父母的情绪处理方式，父母情绪失控时的所作所为，他们都会刻在心里。如果在成长过程中，他们没有刻意学习情绪管理，那在以后的生活中遇到类似情况，他们也会以同样的方式处理自己的情绪，比如怒骂吼叫、摔东西、打自己的孩子、与人争执起冲突等。家庭环境决定孩子的一生，不要让你的孩子用他的一生来治愈童年所承受的伤痛。

沐阳妈妈在情绪失控后反思了很多，她站在孩子的角度去看待这场情绪失控，她深知自己情绪失控对沐阳产生的影响不仅仅是在当时，更多的是会给孩子造成长期的精神负担，会让他对妈妈和自己产生怀疑，让他承受“自己不如别人”的心理暗示和压力，因此她及时道歉，告诉沐阳自己的情绪问题责任并不在他。沐阳妈妈很好地安抚了孩子的情绪，才让这次情绪失控及时止损。

失控的情绪表达，恶化的亲子关系

为人父母都希望能把孩子教育得很好，希望和孩子之间拥有良好的亲子关系。正确的情绪表达对亲子关系有着正向引导，反之，经常情绪失控会让亲子关系逐步恶化。

在亲子关系中，孩子会因父母的情绪失控而失去与父母的情感联结，父母情绪失控时，对他们的所作所为，会让他们对父母的爱产生怀疑，他们尚未发育成熟的思维会被破坏。沐阳因近视被妈妈责骂后，也曾破门而出，如果沐阳妈妈没有及时意识到自己的问题，并去解决问题，沐阳可能就会与她产生情感上的疏离。

而父母辱骂、殴打孩子，则更会让孩子感受到强烈的羞耻感，这些会让他们产生与父母之间的分离感，与父母的关系逐步破裂。这种破裂可能不太明显，也可能非常明显，破裂可能会导致孩子心不在焉、退缩和反应过激。如果破裂反复持续发生且未得到修复，孩子与父母的关系就会更加恶化，一段时间后，孩子就彻底关闭了自己的心门，切断与父母的所有情感交流通道。

很多时候，人的情绪的确难以控制，但当愤怒来临时，希望你能做到及时按下“暂停键”，并与孩子及时沟通，别让情绪失控影响到亲子的关系。

非吼叫妈妈俱乐部亲子部　闫兰　供稿

不想情绪失控，那就这么办！

①关注情绪：管理情绪不是控制情绪，关注自己和孩子的情绪，认识、接受、疏导。

②把怒气交给时间：情绪失控时，让自己独处冷静，等坏情绪过去后再处理事情。

③建立界限：建立情绪与问题的界限、父母与孩子的界限，建立良好的界限，让情绪不易失控。

④制定秩序：给自己和孩子制定恰当的规则，有“法”可依，建立双方的秩序感和安全感，任何情绪都会在可控范围内。

共读时光：参看《沐阳上学记·4·暴躁的兔子软糖》之《呃，熊孩子近视了》。

非吼叫妈妈俱乐部

一沙一世界：
【今年春节去哪玩？这些旅游目的地给你准备好了！】

河东狮不吼：
就你胆儿最肥，我们老老实实家里蹲，亮亮要练琴。

偶像是虎妈：
我们打算带蕉蕉回老家过年。【过年必备：中国人的亲戚称呼大全。】

老言无忌：
@偶像是虎妈太阳打西边出来了，咋想的？

偶像是虎妈：
【如果你不明白亲情对孩子的重要性，看看这个视频！】

母慈子孝之二十四节气：
我天天跟多儿念叨，老家有好多亲戚，她都没啥反应。

老言无忌：
光听不见肯定没概念，跟听天书一样。

河东狮不吼：
琴要练，情要续，选择困难症！

偶像是虎妈：
练琴不差这么几天，建议回去！！

河东狮不吼：
可是亮亮跟家里的亲戚也玩不到一块儿。

课代表 X 酱：
血浓于水，孩子懂得亲情好处多，去问问李沐阳吧！

三十
如何引导孩子感受亲情？

亲情、友情和爱情被誉为人类幸福的三大基石。而在这三者中，亲情是基于人与人之间的血缘关系而存在的原始情感，包括亲人间的相互依恋、相互尊重、相互关注、相互信任、相互牵挂、相互帮助等反应。哈佛大学耗时 75 年追踪 268 名精英求解“幸福密码”，这一研究项目最终揭示：亲人间的爱和温暖，以及良好的关系（包括父母、伴侣、子女、亲友之间的关系），会直接影响一个人对灾难打击的“应对机制”，与人的幸福指数直接相关。因此，引导孩子感受亲情至关重要。当代孩子的课业重、升学压力较大，周末可能要上各种兴趣班和培训学校，再加上很多父母并不生活在自己的故乡，这样一来，孩子与亲人的相处时间变得稀缺、难得。但这些都不应该成为阻碍孩子感受亲情的借口。沐阳的父母从儿子小时候开始就坚持每年带他回老家过年，以至于后来沐阳对亲人会恋恋不舍，对回家乡深切期盼。

带孩子回老家，感受父母的成长环境

一到快过年的时候，孩子们就炸锅了，你一言，我一语，聊着出行计划。沐阳的同学都想出去旅行，去听起来很高大上的地方，而沐阳却只想回陈仓，一个同学们都摸不着头脑的地名。其实，那是沐阳爸爸的老家——现在的宝鸡，那里有沐阳的“一长串”亲人，长得用十个脚趾都数不过来。一回到那儿，沐阳就像掉进了蜜罐子。用沐阳妈妈的话说，那叫亲情的温泉。沐阳浑身自在舒服，不再孤单。想必只有亲身体验过的人才会懂得。

俗话说，一方水土，养一方人。在父母的血液里，流淌着家乡的味道。回父母的家乡走走看看，吃吃喝喝，能让孩子寻到“根”，汲取到“根”的营养，帮助孩子在心底埋下“爱家乡”的种子。

沐阳在宝鸡吃到的饺子、臊子面、擀面皮、大锅盔、醋粉，全都是最正宗的。那种能把嘴辣疼，吃了还想吃的油泼辣子，上海绝对没有。沐阳在宝鸡玩木剑、打摔炮、看放炮，上海也没有。短短几天，宝鸡的“营养成分”像打点滴一样流进沐阳的血脉里，不知不觉中，沐阳感受到了亲人的爱，触摸到了家乡的热度。

从心理学角度看，你走过的路、遇见的人、经历的事，都在重塑你的大脑。的确如此，坐在离别的火车上，沐阳不停地哈气，用高难度的镜像法写着亲人的名字，擦了写，写了擦，这是一个孩子对亲人爱的回应，对家乡的热恋，令人动容。

带孩子到亲戚中间，与亲友们一同生活

现代人的快节奏生活，注定导致亲人间的团圆变得艰难。不过，大人常常跟孩子聊亲戚，有助于加深孩子对亲人的印象。俗话说，百闻不如一见。对于孩子觉得生涩难懂、错综复杂的亲戚关系，父母最好的解决办法是将孩子带到亲戚们中间。孩子经历一次面对面的介绍，强于一百次的听说。多带孩子回老家过年，尽可能为孩子创造接触亲人的机会，与孩子共绘家庭成员图，一目了然、直接高效地熟悉家庭成员。

经常性的沟通交流是维系亲情关系的重要一环。多花时间和亲人在一起，会让孩子和亲人产生一份深刻的联结。人与人在联结的状态下，关系才能得到加深。沐阳找二伯三伯放炮仗；和洋洋姐姐、二妈一起睡；为减轻疼痛给李聪姐姐和吕治哥哥出数学难题；听二妈、三妈讲他小时候拉屎、拉尿的糗事；吃了很多二伯买的冰糖橘；跟二妈去吃肯德基、麦当劳……沐阳在上海的所有顾忌在回到宝鸡的亲人身边后全都归零。将孩子带到亲人中，沐阳的父母懂得放手，这种做法使得沐阳与亲人间的交往更直接。相处得越多，关系拉得越近，感情也越深。

适时开个家庭故事会，让孩子更好地融入大家庭

国际著名亲子沟通专家阿黛尔·法伯说：“帮助孩子，就要面对他们的感受。”与孩子产生共情，才能更好地帮助孩子，与孩子沟通。对于久未谋面的亲人，孩子知之甚少，自然会有生疏感和距离感。面对他们的感受，父母可以创造条件，增进孩子对亲人的了解，促进日后的沟通，让孩子长久地融入大家庭中。

沐阳的爸爸出生在一个大家庭，沐阳也是其中的一员。每到过年，分散在各地的家庭成员从四面八方赶回宝鸡，为的是在一起吃饺子、说故事，诉说家长里短。家庭中的每个人都珍惜团圆的机会，不吝啬表达。孩子们在饭桌上听大人们说故事，听着听着就融入故事中，也就融进了大家庭。

一个家庭就像人的身体器官，骨肉相连，血脉相通，缺一不可。爱听故事是儿童的天性。“家庭故事会”让孩子从内心深处，认同了自己的家庭成员身份。

非吼叫妈妈俱乐部亲子部　武秀峰　供稿

共读时光：参看《沐阳上学记·3·亲爱的妈妈妈妈妈妈》之《那个叫年的怪物》。

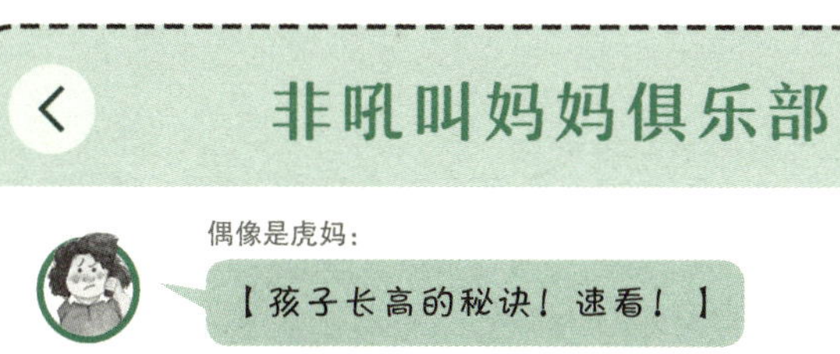

偶像是虎妈：

【孩子长高的秘诀！速看！】

偶像是虎妈：

【吃啥可以长高？专家为你来支着儿！】

老言无忌：

蕉蕉妈这是怎么了？

偶像是虎妈：

我家崽儿最近几个月几乎没怎么长个儿，我得赶紧想想办法啊！

母慈子孝之二十四节气：

感谢分享！也记得发我一份！

老言无忌：

你家孩子个子不矮啊，你要来干啥？@母慈子孝之二十四节气

母慈子孝之二十四节气：

虽然不矮，但还想更高。

老言无忌：

【中国父母的“焦虑病”，是时候该治一治了！】

一沙一世界：

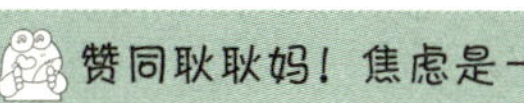赞同耿耿妈！焦虑是一种病，得治！

三十一
父母总是在孩子的身高问题上过于焦虑，怎么办？

相信每个父母都深有体会，自从有了孩子之后，每天“望闻问切”，目光都集中到了孩子身上，一旦有任何风吹草动，瞬间汗毛竖起，生怕孩子有什么问题。就拿身高这件事来说，很多父母就常常担心：“我家孩子个头是不是有点小了？”“孩子比同龄人矮怎么办？”“孩子身高不够，会不会影响他以后的生活？”当父母之后，最怕听到“孩子长不高”这几个字。身高就像一道紧箍咒，咒语一念，立刻让无数父母焦虑丛生。在沐阳的身高问题上，沐阳妈妈也曾“神经过敏”，一度和沐阳闹得关系剑拔弩张，不过通过几个小妙招，沐阳妈妈最终用理性战胜了感性，打败了“焦虑”这个情绪小怪兽。

身高要关注，但不要过度关注

不焦虑的父母是相似的，焦虑者则各有各的焦虑，有很多父母关心孩子累不累，也有很多父母焦虑孩子长得高不高。父母对孩子成长过程中的各项指标都非常关注，从孩子生下来的那一刻，每一位父母都会经常测量孩子的身高和体重。尤其是孩子的身高，在孩子的成长过程中，是父母最为关注的焦点。

虽说“有苗不怕长”，但父母们都不希望孩子的身高成为其短板，尤其是对自身身高并不满意的父母来说，更是希望孩子能够长得高高的。网上的信息多到爆炸，各种“长高秘籍”满天飞，让本就焦虑的父母慌了阵脚。每天量一次身高，怎么半年了还不见长个？牛奶、骨头汤、钙片、保健品、生长激素……到底哪个比较有用？踢足球、打篮球、游泳……到底哪种运动方式更靠谱？那些热衷于搜集长高攻略的父母或许没有注意到，这种过度的关注和焦虑，无形中会给孩子造成心理压力，会让孩子觉得，自己长得比其他小朋友矮，是件难堪的事。

中国有句古话叫“关心则乱”，做父母者尤甚。即便像沐阳妈妈这样淡定的人，也曾和大多数父母一样，在沐阳的身高问题上纠结，总是会被从各处听来的消息蛊惑。沐阳妈妈听说人体有几个关键的增高穴位，就在沐阳身上按来按去，听说足球运动员都长不高，就考虑停掉沐阳的足球班。但好在沐阳据理力争，沐阳妈妈及时发现自己认知上的偏差，及时改正，并告诫自己，要控制情绪，控制情感，面对各种纷杂的信息保持理智和清醒。焦虑的父母会让孩子也变得同样焦虑，而理智的父母会引导孩子变得率性洒脱。

将身高问题纳入家庭建设中，制定科学合理的长高计划

俗话说，三个臭皮匠赛过诸葛亮。与其一个人对着各种不知真假的长高秘籍焦虑不已，不如把爸爸和孩子喊来，开个家庭会议，把孩子的身高问题纳入家庭建设的一部分，大家相互配合，制定一个科学合理的长高计划，每个人各自认领自己的小任务，及时完成。比如大家一起坚持早睡早起，保证充足的睡眠；妈妈负责安排科学合理的饮食，保证营养供给；孩子做到不挑食，饮食均衡；爸爸负责陪伴孩子多进行户外运动，保证合理的运动量，等等。身高虽然受遗传因素的影响很大，但后天的影响也能起到一定的作用。作为父母，只需要在孩子的营养、睡眠和运动三大方面把握好，其他的就让孩子自由成长吧！

值得注意的是，父母一定要和孩子平等沟通，要尊重孩子的想法。沐阳妈妈听其他父母说经常踢足球的孩子更易形成罗圈腿，长不高，膝盖还容易受伤，曾考虑停掉沐阳的足球班，但在和沐阳沟通后，得知沐阳特别热爱踢足球，就尊重了沐阳的想法，让沐阳恣意享受运动本身带来的快乐。尊重孩子的独立性，把孩子当作一个真正的独立个体，这是和孩子沟通时首先要注意的。

父母须抛弃完美主义，让孩子在自信中成长

过度干涉孩子的成长，不仅不利于成就一个优秀的孩

子，还会产生很多不必要的焦虑和烦恼。因此，面对孩子的身高问题，一味地担心是没有必要的。做父母的，不如抛弃完美主义，不要过分担忧孩子的身高问题，也不要给他灌输“个子越高越好”这种错误观念，不要总是关注身高、外貌等外在条件，而是要引导孩子关注内在，重视孩子内涵的培养，当我们努力在品德、能力、修养、性格等方面提升自己的时候，自然不会再为那些外在的、表面的因素困扰了。

要多尊重、多鼓励孩子，发现孩子身上的闪光点，鼓励他充分发挥自己的特长，帮助孩子建立强大的自信心。虽然身高很重要，但是身高不能决定一切，孩子健康的身体、健全的心理、自信的精神、快乐地成长，比高矮更加重要。心理因素是日常生活中影响孩子身高发育的因素之一，心理压力和不良情绪会抑制生长激素的分泌。因此，父母一定要努力给孩子营造一个轻松、自然、温馨的生活环境，不要给孩子太大的学习压力，不要在饭前和睡前批评孩子，让孩子保持愉快的心情，说不定反而能促进孩子体内生长激素的分泌，让孩子不断长高再长高！

非吼叫妈妈俱乐部亲子部　王静宇　供稿

共读时光：参看《沐阳上学记·5·小猪小猪噼里啪》之《巴神在我家》。

非吼叫妈妈俱乐部

偶像是虎妈：

今天孩子问我，世界上有长生不老药吗？

一沙一世界：

哈哈哈哈，可爱，为啥这么问？

偶像是虎妈：

他说是听到同学说，所有的人都会死。

老言无忌：

生死是个大课题，在他想知道的时候还是不要刻意回避。

母慈子孝之二十四节气：

这个话题会不会吓到他们？

偶像是虎妈：

想多了，我家孩子说既然所有人都要死，那他就去发明长生不老药。

课代表 X 酱：

正确地跟孩子说生死，从小做好生命教育。

偶像是虎妈：

是的，我还是跟孩子好好讲讲，什么是生与死。

一沙一世界：

对，以后要是真遇到什么不好的事情，也算是提前给他打了预防针。

三十二
如何对孩子进行生命教育？

很多父母都对生命教育避而不谈，总觉得生死这种哲学问题，孩子长大自然就会理解。其实孩子在成长的过程中，也是在不断接触“逝去”这件事的。植物的枯萎、动物的死亡、亲人的离世，孩子们在面对生命逝去时流露出来的恐惧和悲伤，需要大人去疏导、安抚，生命教育就是让孩子们感悟到生命的有限性。沐阳从小就是个科幻迷，2012 年关于世界末日和玛雅人的报道漫天飞舞的时候，沐阳和同学们因此还分为三派，一派是悲伤派，一派是高兴派，还有一派就是以沐阳为代表的冷静派。沐阳说：“我是冷静派的传人，确切地说，我们是冷静科学派的。”这其实跟沐阳妈妈的教育方式密不可分，让我们看看沐阳妈妈在生活中是以什么方式对沐阳讲述生命话题的吧。

亲子时光，让孩子了解生命的长度

在解释什么是生命教育的时候，父母应该做到不超前、不回避、不欺骗。根据孩子的年龄和性格，选择合适的方式和他谈谈死亡，谈谈生命。面对沐阳这个小学生，沐阳妈妈就选择了在亲子共读中让孩子了解生命的长度。

沐阳妈妈在睡觉前，总喜欢跟沐阳玩模仿对话的游戏。对话的内容是罗尔德·达尔的《女巫》中关于很老很老的姥姥和很老很老的老鼠外孙的对话。其中有句话是："一只普通的老鼠只能活三年，但你不是一只普通的老鼠，你大概能活九年。"一起读完这本书后，沐阳妈妈跟沐阳有了这样的对话——

沐阳："妈妈，你能活到一百六十岁吗？"

沐阳妈妈："恐怕不能，沐阳。"

沐阳："那我能活到一百岁吗？"

沐阳妈妈："我希望你能啊，努力吧，沐阳。要多吃饭，多锻炼身体，做一个健康豁达的人，我看能行的！"

父母要在生活中给孩子传达每一个生命都是有始有终的理念，要教会孩子热爱生命，正确理解什么是死亡。沐阳在面对世界末日的话题上持中立态度，正是因为沐阳妈妈早就于无形中为他引入了正向观念。

父母可以给孩子讲述一些珍惜生命的故事，和孩子一起读生命教育主题绘本，启发孩子对生命的理解。

"蒜苗叔叔"，带孩子参与生命成长过程

其实无论是何种教育，实践都是一个重要的环节，生

命教育也是如此，关键是让孩子自己参与生命成长过程。现在，大多数生活在城市里的孩子，很少能跟自然亲密接触，父母应该给孩子创造这样的机会，跟孩子一起记录生命的成长。

沐阳说自己偷偷埋了一粒蒜，后来，盆子里的蒜苗已经长到两厘米高了，再长下去它们就要成为“蒜苗叔叔”了。这正是沐阳参与生命成长过程的体现。

在当代家庭中，大多数孩子都是独生子女，这些孩子很容易变得非常自我。那些养小动物的家庭，可以让孩子一起参与动物的成长，比如养小狗、小猫；如果没有条件养这类小动物，也可以养乌龟、金鱼等，让孩子每天照顾它们，看着它们成长，在小动物们生病的时候，帮它渡过难关，让孩子学会爱护生命、保护生命。

把教育孩子珍惜和爱护小动物作为切入口，进而引导孩子将生命教育融入日常生活，让孩子了解物种的多样性，理解地球上所有的动物都应该被尊重，才能更有效地引导孩子爱护自己的生命。

仪式感，减少孩子对于生命逝去的悲伤

孩子们上了小学，思维也开始独立。当现实生活中发生“逝去”的时候，孩子们都会产生悲伤的情绪，他们会开始思考死亡是什么。

现在关于给孩子解释生死问题的科教视频有很多，父

母可以选择一个适合孩子们看的视频，陪孩子一起观看；还可以利用周末带孩子去科技博物馆，让孩子了解一个生命从出生到逝去的过程，告诉他们每个人都会经历这样一个阶段，这样，孩子们在面对死亡的时候就不会那么害怕了。

缓解了害怕的情绪，接下来就是处理悲伤情绪，这个时候依然需要父母的帮助。我们知道仪式感是人们表达内心情感最直接的方式。心理学家曾做过这样一个研究，让参与实验的志愿者完成一项会引发他们悲伤情绪的任务，之后让其中一部分人做一些无意义的撕纸活动。结果发现，那些撕纸之后再离开实验室的志愿者，感受到的悲伤程度要低于什么都没做就离开实验室的人所感受到的。这样一个简单的撕纸仪式就能在一定程度上缓解悲伤情绪，可见仪式感是人类情绪的一个出口。

面对“逝去”，可以用一场仪式来舒解孩子。或是一场隆重的告别，或是一场小小的哀悼，让孩子跟那些人或动物好好告别，让孩子学会尊重逝去的生命。

非吼叫妈妈俱乐部亲子部　方芊　供稿

共读时光：参看《沐阳上学记·4·暴躁的兔子软糖》之《世界末日来了》。

非吼叫妈妈俱乐部

河东狮不吼：

姐妹们，我今天又吼了……

母慈子孝之二十四节气：

前天因为作业，昨天因为起床，今天这是为了啥呀？

河东狮不吼：

熊孩子要跟我谈判，你说气不气？

偶像是虎妈：

谈什么判，不听话，直接“我是你妈妈”简单又好用！

河东狮不吼：

没用，他爸支持，说要家庭民主。就是个压岁钱怎么用的问题而已……

课代表 X 酱：

啥啥啥？压岁钱？这次我站你家神兽，这种事情可以自己决定了。

河东狮不吼：

亮亮哪像我？我小时候才不敢和我爸妈谈判呢！

老言无忌：

这大概就是民主与自我意识的进步吧！

河东狮不吼：

也不知道这样是好是坏……

一沙一世界：

随他们去吧！

三十三

为什么要让孩子自己做决定？

很多父母喜欢帮孩子做决定，在生活的各个方面都替孩子安排妥当，孩子只要听话照做就好。这倒也不是武断专制，而是更多的时候不想让孩子走弯路。但沐阳妈妈却愿意给沐阳很多做决定的机会，大到去不去国外学习，小到要上什么兴趣班，“你来决定！”这是沐阳妈妈经常对沐阳说的话。为什么沐阳妈妈要把大小事务的决策权交到沐阳手中？她难道不怕孩子由着性子乱决策吗？

尊重孩子的选择，“重大问题”更需要发表意见

父母们可能还记得，在孩子两岁左右的时候，会经历第一次叛逆期，他们开始喜欢反抗，乖乖仔突然变得不配合了，嘴上总是说“不”。这一时期孩子的心智逐渐发展，自我意识开始萌芽，人生中第一次尝试自己做决定，来证明“我”是独立的。父母也愿意适时地提供一些选择的机会给孩子，但随着孩子逐渐长大，能选择和决定的事情

越来越多，父母就慢慢把权利收了回来。但父母不要忘记自主性对于孩子成长的重要意义，独立自主是孩子的本能追求。

不要以为孩子只能决定中午吃什么、明天上学穿什么、下午去哪儿玩……正因为孩子的选择能力或决策能力需要从小培养，我们才更应该让孩子参与决策大事，表达想法。什么是孩子眼中的“大事”呢？比如给孩子请什么样的家教、上什么兴趣班、买不买电子产品、压岁钱怎么花，等等。这些是实实在在会影响到孩子生活的事情，决定了他们在半年或一年，甚至更长的时间里会以什么样的方式生活。

沐阳曾为要不要继续踢足球和妈妈大吵了一架。沐阳妈妈听说打篮球更有利于孩子长个子，就和沐阳爸爸商量给沐阳换个兴趣班。从小就爱踢足球的沐阳无意间听到爸妈的讨论，心态马上就崩了，直接“宣战”，称自己就是要踢足球！沐阳妈妈先安抚了沐阳的情绪，她并没有回避想要给沐阳换兴趣班的想法，而是告诉沐阳这个问题目前还在讨论阶段，“既然是讨论，大家都可以发表意见”。接着，沐阳妈妈开始认真听取沐阳的意见，并最终决定不换兴趣班。

换兴趣班对父母来说可能只是换个接送路线，换个交学费的机构，但对孩子来说可能意味着与同学分离，告别自己最爱的运动。决策这种“大事”，如果事先不征求孩子的意见，就不能怪孩子乱发脾气、不懂事和叛逆。

让孩子为自己的决定负责，但不要因犯错而责备孩子

选择就要负责，这一点一定要让孩子知道。那次“足球班保卫战”，在明确了沐阳一定要踢足球的理由后，沐阳妈妈也摆出了另外一个问题：“我同事告诉我，踢足球不能促进长个子，打篮球可以促进长个子。”沐阳妈妈把选择可能出现的结果告诉沐阳，再次确认他是否愿意为自己的选择负责。

沐阳思考了一会儿，反驳妈妈：“我没有理由，我就喜欢踢足球！只要是体育锻炼都能长个子，医生说过！”沐阳不仅确认自己愿意为结果负责，更向妈妈抛出专业知识，直接击破“谣言”。但需要记住的是，让孩子为结果负责，首先这个选择应该是孩子心甘情愿做的，而不是父母强迫和硬塞的。

如果因为孩子的选择而带来了麻烦，或者孩子并没有完全执行。父母也不要着急责备孩子，更不要说出：“早知道这样，当初就不应该让你做决定！”这类“马后炮”式的责备，不仅无法解决问题，还容易伤害孩子的自信心。沐阳曾连续两个星期没有去足球班，沐阳妈妈没有批评他，而是先了解他不去的原因。她告诉沐阳，可以不用回答为什么没去，只要告诉妈妈之后再遇到同样的事，是去还是不去。沐阳说出了心结，原来是因为他被换到了替补位置，没法享受射门的快乐。这是小男生常有的心事，本来他就感到委屈，如果父母再不理解，这种情绪怎么疏解呢？

不是每一个决定都能带来最好的结果，孩子就是在一次次犯错中成长的，父母要做的是搭好“脚手架”，在他们需要的时候给予支持，在他们犯错的时候适当引导。

掌握分寸，但不要出尔反尔

随着孩子年龄的增长，生活中的许多事情孩子都能自己做决定，父母在培养孩子选择能力的时候要循序渐进。开个玩笑，当一个孩子连明天穿什么都没法决定时，就不要让他去为上哪所小学做决定了吧！这个分寸需要父母来把握，父母善于发现哪些事情是需要孩子参与且有利于他们成长的。在孩子发表意见时，父母要让孩子感受到“我们真的想听你的想法”，而不是敷衍地走个过场。在不影响孩子健康成长的前提下，应该尽量多采纳孩子的建议。就像沐阳妈妈，虽然最后她还是觉得打篮球更好，但最终理性战胜了感性。她愿意给沐阳自己做主的机会，让他去追求自己热爱的事。

最后一个雷区，千万不要踩——出尔反尔！孩子的选择方向和你的一致，就欢欢喜喜地让孩子自己决定，一旦他们的观点和想法与你的预期不一致，就要收回成命，这万万不可取。放权给孩子，不能只停留在口头上，给孩子应有的尊重，孩子才会信任你。

非吼叫妈妈俱乐部亲子部　李连连　供稿

共读时光：参看《沐阳上学记·5·小猪小猪噼里啪》之《巴神在我家》。

非吼叫妈妈俱乐部

河东狮不吼：

烦死啦！我和儿子又吵架了，谁也不理谁了……

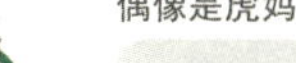
偶像是虎妈：

我也是。昨晚因为做作业的问题和蕉蕉闹得不欢而散，孩子越来越不听话啦，让她往东偏往西，还顶嘴！

一沙一世界：

都会过去的，多和孩子聊聊，自然矛盾会少一些。

偶像是虎妈：

每天工作都累死了，回到家看到孩子还在玩，作业被抛到脑后，就气不打一处来，简直火冒三丈！！！

河东狮不吼：

家中需要常备速效救心丸，我都快吵不过亮亮了！

母慈子孝之二十四节气：

亮亮那是继承你的性格了。

老言无忌：

……看来都得学学怎么好好说话啊！

课代表 X 酱：

那可不，吵来吵去可不是“话来话去”。

河东狮不吼：

我已经很克制了。我可以退一步，但是他不知道退一步。深深伤害了我这老母亲的心！

课代表 X 酱：

不妨学学沐阳妈妈。

三十四

父母怎么说，孩子才会听
——如何有效沟通？

不少家庭都会遇到父母与娃“厮杀”的场面，孩子写作业时不专心，开小差是分分钟的事，妈妈情绪失控偏巧杠上娃顶嘴，瞬间火药味爆棚，家里变成“爆炸”现场。这样就出现了沐阳妈妈所说的“经典场面”：晚间十点钟的深夜吼叫。试问，作为父母，你想过到底怎样才是有效沟通吗？父母如何说，孩子才能“埋单”？

好好说话，父母和孩子都需要情绪管控

每个暴躁娃背后都有个焦虑妈或是唠叨爸。父母是孩子的第一任老师，言传身教胜过一切刻板说教。孩子是父母的“复印件”，如果“复印件”出了问题，一定要从“原件”上找原因。遇到工作压力大的时候，父母往往也做不到好好说话，态度不好的两个人你一言我一语，矛盾肯定马上升级，非常容易引爆孩子内心的不满和嫌弃。其实，如果把孩子的表现作为一面镜子，父母是否应该反省自己

的行为和态度？不管遇到什么情况，即使孩子暴跳如雷，父母也应该给自己一些冷静的时间，努力和孩子好好说话。特别是学龄前的孩子还不能很好地控制自己的情绪，很难靠自己走出焦虑和愤怒，父母要帮助他们走出负面情绪，而不是去激化矛盾。

沐阳妈妈一直认为，沟通要从心开始。细致入微的陪伴与相互体谅、换位思考，都是不错的切入口，这就需要父母暂时放下架子，站在孩子的角度去思考。一次，沐阳妈妈正在赶稿，沐阳有些“无理取闹”地找妈妈要妹妹和姐姐。被沐阳吵得烦了，沐阳妈妈整理好情绪后，先停下了手中的工作，想了个“口头作文”的小游戏来转移沐阳的注意力。在对话的过程中沐阳也渐渐忘记了“姐姐妹妹”的事，专心和老妈一起玩游戏。

试想如果这时沐阳妈妈任由情绪支配，那估计又会发生一场家庭大战。吞噬亲子关系的坏脾气怪兽被“打败了”，有趣的沟通、彼此的换位思考取而代之，孩子也会更愿意去听父母说什么。

给孩子说话的机会，不要否定他的情绪

“你还可以更好”“你看别人家小孩……”这些话听起来是不是很熟悉？“近处无风景”的思维方式长久以来让父母总是对自己的孩子高标准、严要求。如今家庭教育的矛盾俨然成为社会问题，很大程度上是来自中产阶级的

教育焦虑导致的父母情绪失控。当你眼中的孩子“充满问题”时，请长舒一口气，保持语气温和且头脑冷静，尝试先听听孩子怎么说吧。

只有认真聆听了孩子的想法，他才可能把你的话听进去。沐阳妈妈发明的“口头作文”游戏就是融合了这个理念，给孩子更多表达的机会，让孩子淋漓尽致地分享，在此过程中亲子互动的温馨感觉不言自明。沐阳妈妈在用行动告诉沐阳：“我理解你的感受，我愿意听你讲一讲。”

沐阳和妈妈有一个约定，就是无论什么时候只要沐阳说话，妈妈都不许不听。所以，除了沐阳妈妈擅长的“口头作文”，当沐阳口若悬河为妈妈科普声音在空气和水中的传播速度时，沐阳妈妈虽然脑袋空白，但还是听得津津有味。让孩子感受到你在倾听他，反过来他自然也会倾听你。如果孩子长时间得不到回应，和父母之间的话题越来越少，时间久了，他们就真的不会再愿意向父母倾诉心事了。

沐阳妈妈提倡的“爸爸回餐桌”也是一个很好的办法，家庭教育可不能只有妈妈一个人参与！家人一起在晚餐时光分享一天中的趣事，平等坦诚的思维碰撞会是亲子沟通的美好纽带，串联起孩子成长中点滴生动的记忆。还有什么是一顿晚饭解决不了的问题呢？如果不行，那就两顿！

生活处处皆学问，在游戏中释放负面情绪

游戏是天生的减压神器，是教育举重若轻的入口。

与其在说教和否定中激化矛盾，不如利用游戏搭桥走近彼此。

沐阳“要妹妹”的想法在“口头作文”游戏中慢慢消解。这是一种特殊的亲子游戏，在天马行空的讲述中，在不受限制的吐露与表达中，沐阳释放了负面情绪，为所有的负能量找到了出口。“口头作文”游戏正是孩子的解压器，也是亲子沟通的机智妙招。天马行空的思维、无与伦比的混搭词汇似乎与成人世界格格不入，但正因如此，才形成了最棒的创意，激发孩子无限想象，鬼马天才就这样诞生啦！

沐阳的童年是有些孤独的，在他的作文中朋友竟然是只塑料小鸭子，那些爸爸妈妈童年时可以呼出热气的朋友早已被电脑、书本和兴趣班取代，父母也留下无尽的内疚与无奈。因此，父母的有效陪伴和沟通就显示出无比闪耀的力量，可以直抵孩子内心深处，为孩子驱散阴霾，令他们焕发自信。

随处可见的教育，也是随处可见的游戏，父母应该保持亲子关系中如同游戏般沟通的轻松心态。

非吼叫妈妈俱乐部亲子部　李婷　李连连　供稿

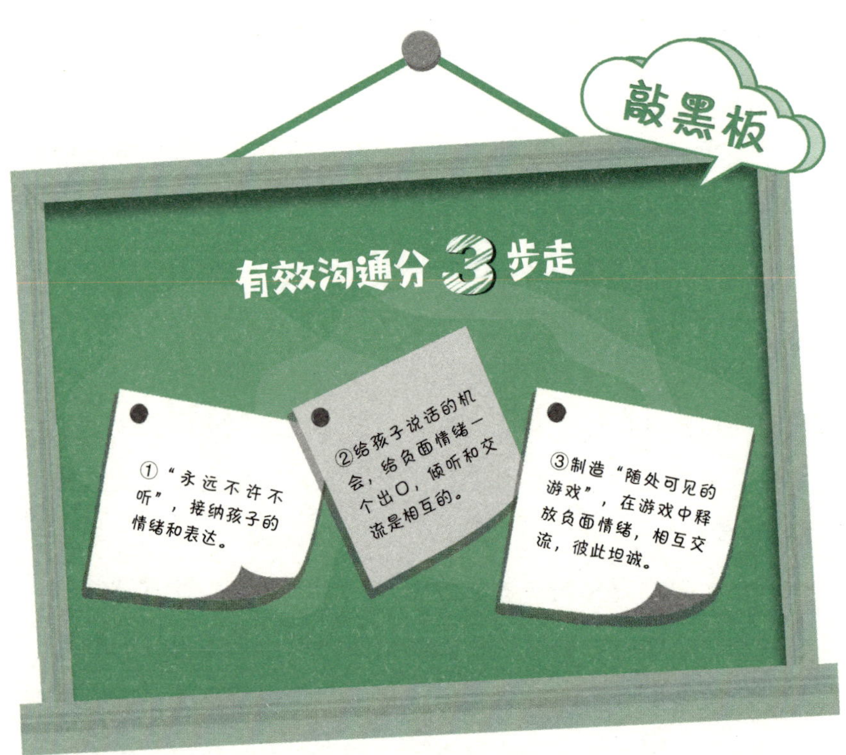

共读时光：参看《沐阳上学记·2·吃数字的数学狂人》之《好玩的口头游戏》《名叫宇宙的小小豌豆》。

非吼叫妈妈俱乐部

河东狮不吼：

这两天亮亮在跟我冷战，就因为周末没带他去参加姐姐的生日会。

老言无忌：

你怕耽误他上兴趣班吧？

河东狮不吼：

是啊，有作文课和街舞课，而且路上来回要三个小时。

一沙一世界：

耽误一两节又没事，小孩子出去放放风也好啊！

河东狮不吼：

落下就很难赶上了。

偶像是虎妈：

同意 想上名校就得从娃娃抓起！

课代表X酱：

可是参加生日会，不是很好的写作素材吗？

河东狮不吼：

唉，我又错了吗？

课代表X酱：

生活不止有眼前的苟且，还有诗和远方。

偶像是虎妈：

啥意思？

课代表X酱：

马上出发，去看看那一大片一大片的田野吧……

三十五

如何带孩子体验“诗意”的生活？

2007年湖南省高考语文卷的作文题目为：结合自己生活实际，以“诗意地生活”为题写一篇不少于800字的文章。考生若是没有体验过诗意的生活，如何能写好这篇作文呢？德国哲学家海德格尔曾说：“人生的本质是诗意的，人应该诗意地栖息在大地上。”诗意是什么？诗意是美，是一种浪漫主义情怀，是人对人生本质的发现，是人对人生哲理的提炼，是生活闪烁出的精神之光，是生活绽放出的思想之花。人在物质生活以外，还需要拥有满足、愉悦的精神生活。正如古希腊哲学家柏拉图所说：“如果你有两块面包，你当用其中一块去换一朵水仙花。”人若不会诗意地生活，更难书写好人生答卷。

现实生活中，成人似乎常常被生活和工作压得喘不过气，孩子被繁重的课业、升学的压力所累，个个都是“压力山大”。作为父母，不能仅仅给予孩子物质享受，更要带领孩子体验诗意的生活，感受生活的美好与富饶，让孩子的精神生活更加富足。沐阳妈妈常常绞尽脑汁带沐阳过各种诗意生活的瘾。

偶尔打破常规，来场说走就走的旅行

“惊喜”深受人们的喜爱，它能制造“超乎平常水平的愉悦”。孩子们如若得到惊喜，简直就像吃到天上掉下的馅饼。假如有一天，爸爸妈妈突然对孩子说：“让我们逃学吧。”孩子一定会怀疑自己的耳朵，这怎么可能？太阳打西边出来了吗？沐阳本以为妈妈不会带他去开会，可是没想到妈妈脑洞大开，干了这么件石破天惊的事。沐阳妈妈是怎么想的呢？

圣野，是一个多么富有诗意的名词啊！当你读到它，一定感受到了满眼的绿色，满目的开阔，顿感心情舒畅。带沐阳去看那好大好大一片圣野，这也是沐阳妈妈“逃学”的理由。这里的圣野，既是“旅行”的代名词，又是指大诗人“圣野”。诗人圣野为大家所熟知，人如其名，满腹诗意。带着沐阳参加圣野爷爷的作品研讨会，并为他过九十岁生日，让沐阳挑战上台朗诵……整个过程，有小惊喜也有小挑战，充满诗意。沐阳在其中深有体会。

沐阳妈妈安排的这次“逃学”打破了常规，既满足了孩子不用上课、吃到蛋糕、见小伙伴、看望“老朋友”等一串小心思，又给孩子心里注入了活力与诗意，提升了孩子的信心和勇气。这样一次说走就走的“旅行”，充满智慧，让沐阳感到刺激与欣喜。

旅行计划无须完美，只为孩子有所收获

这个时代，旅行似乎变成了最流行的事。很多父母意识到旅行可以帮助孩子开阔眼界，认识世界，常常会精心设计路线，制定完美计划。其实，对于孩子来说，旅行不一定要去很远的远方，哪怕是去家附近的公园、足球场、篮球场、图书馆、博物馆……只要是带他们去做他们感兴趣的事，孩子就会觉得生活大不一样。

当沐阳妈妈认识到旅行无须完美，只须让孩子在其中得到成长后，带孩子体验诗意的生活就变得不再那么困难。她似乎经常干“逃课”之类的事——居然在阳光明媚的初春，带着沐阳去大学的足球场上踢了一场酣畅淋漓的亲子赛，让沐阳肆无忌惮地做自己喜欢的事，让他感受阳光的难能可贵，感受春天的勃勃生机，感受生命跳动的脉搏。沐阳妈妈这些举动看似与常规教育有冲突，让人望而却步，其他父母不一定要完全效仿，但她这种灵动的思维方式，父母们绝对应该学习。

著名教育学家蒙特梭利认为：“孩子作为独立的个体，学习方式与成人截然不同，孩子有着与生俱来的生命潜能，他们会按照自身发展规律，在爱与自由的环境下发展。”带孩子暂时离开常居的环境，去感受新鲜环境中的人、事、物，那些鲜活的生命状态、不一样的景致等都会潜移默化地影响孩子。孩子们会像海绵吸水一样，在其中吸取自己成长所需要的养分，快速积累、储蓄。

参与大人的生活，提升在家庭中的价值感

人的成长是不断社会化的过程。社会化是指一个人从最初的自然生物个体转化为社会人的过程。人在社会化的过程中离不开工作。正如蒙特梭利所言，“工作是人类的天赋本能，人类通过工作完善自我。工作是爱的外在表现，是人类获得幸福的源泉，是保持身心健康和恢复正常的一条法则”。大人需要工作，儿童也需要工作。而她对儿童的工作是这样定义的：“儿童只有通过环境获取经验才能得到完全发展，这种经验的获取过程就称为‘工作’。”孩子在环境中学习的过程就是他们工作的过程。

沐阳跟着妈妈去开会，认识了好多妈妈的朋友，有老有少，有男有女，他和他们交了朋友，圣野先生就是其中之一。为了给圣野先生过生日，沐阳妈妈写了一首诗作为礼物，沐阳也画了一幅画。沐阳全程参与，像他妈妈一样，他也在工作中获得自我认可，提升了在家庭中的自我价值。

有机会带孩子去看看你的工作场所，看看你待人接物的方式，看看你工作的姿态，看看你的辛苦与付出……这些接地气的参与对于提升孩子的目标感、责任感、价值感都大有裨益，也能帮助他们更加珍视、感恩生活中的美好。

非吼叫妈妈俱乐部亲子部　武秀峰　供稿

带孩子体验“诗意”的生活分3步走

①父母平时应与孩子共读一些优秀诗集，偶尔带孩子开启一场突如其来的旅行，让孩子身心得到放松，体会生活的乐趣。

②旅行不在乎距离的远近，父母要巧抓机会，让孩子在旅途中得到成长与锻炼。

③如果条件允许，父母可以带孩子体验一下职场生活，让孩子感知生活，树立正确的三观。

共读时光：参看《沐阳上学记·4·暴躁的兔子软糖》之《好大好大一片圣野啊》。

非吼叫妈妈俱乐部

一沙一世界：

【视频链接：妈妈我要娶你】快来看看鸡娃的一千零一种惊人语录！

老言无忌：

小屁孩懂啥呀，爱情与他们无关，只需要一心一意学习就对了！

母慈子孝之二十四节气：

现在的孩子早熟得很，生怕他们走上歪路呀！

老言无忌：

我和他爸爸不就是最好的模板吗？孩子岂不是无师自通？

一沙一世界：

啊？这都行？

偶像是虎妈：

我时刻盯着蕉蕉，有什么风吹草动，马上进入战斗模式。

一沙一世界：

果然是你！不过这个风驰电掣的模式也不适合我们呀，究竟有没有一劳永逸的好办法？

课代表 X 酱：

各位妈妈别心急，请往下看。

三十六
如何让孩子理解爱情与婚姻?

爱情是我们每个人一生中必须要面对的话题，但是大多数父母都会在该帮孩子建立爱情观的时候选择避之不谈，用当鸵鸟的方式将这个话题隐藏起来。孩子在慢慢长大的过程中，会出现对爱情的懵懂幻想，但大部分家庭，都欠孩子一堂爱情课，认为这个可有可无，导致孩子不会正确地爱自己、爱他人，进而影响到将来的婚姻观。其实，爱情这堂课远没有那么难以启齿，沐阳妈妈就把关于情感的点滴融于生活，让沐阳从小就知道，爱情并非不可告人之事，爱是至真至纯的东西，更让沐阳明白亲密关系的建立与维系都需要付出努力，也只有真正懂得爱，才会懂得尊重、善意等一切美好的品质，从而形成正确的爱情观。

婚姻是成长的必修课题，不回避孩子对爱情的好奇

进行爱情教育并非是教孩子如何谈情说爱，而是教孩子如何正视人世间这份美好的感情，用善意的眼光看待世

界万物。通过积极的爱情教育，可以让孩子学会辨别丑陋与高尚，建立完整的人生观、世界观。

和很多孩子一样，沐阳在四岁的时候就对爱情与婚姻产生了好奇心，追着妈妈问："结婚到底是怎么一回事？"其实孩子对爱情产生疑惑是正常的，爱情在当今社会以形形色色的方式进入孩子的脑袋，如果父母仍然"谈爱色变"，就是在掩耳盗铃了。

在面对孩子的兴趣与困惑时，父母首先应该以坦然的心态面对，可以像沐阳妈妈一样，采用有趣的形式将结婚的意义告诉孩子。在沐阳对爱情产生疑惑的时候，沐阳妈妈将结婚比喻成领船票，告诉沐阳结婚就是一个男人和一个女人相爱，然后领一张船票，在一艘船上生活下去。

孩子在认识世界的时候，所能感知的事情是有限的，他们认识的是一个个知识点，父母可以通过比喻将孩子认知中的一个个点连接起来，帮助孩子建立完整的认知体系。所以，当孩子向你询问有关爱情的种种时，不要再转身回避，而是要正视这个问题，以平常心来认真回答孩子的疑惑。父母切勿盲目认为爱情是成年人的专利，禁止孩子对爱情产生好奇与幻想。

以尊重为基础，告知孩子关于爱情的种种

相信很多父母都曾经听孩子说过"我要和某某某结婚"这样的话。父母的反应不尽相同，最为常见的有两种，一

种是在听到后装聋作哑，事后当成一个笑话讲出来；一种则是会担忧、焦虑，对孩子呵斥并制止。

但是如果留心观察会发现，孩子们想要结婚的对象一般是自己的父母与长辈，就像沐阳在对爱情有了一知半解之后，他会对妈妈说："妈妈，我喜欢你这样的小姑娘。"这与成年人所理解的爱情是不一样的，孩子眼中的爱情是孩子表达好感的一种方式。当孩子向你表达出喜欢时，要给孩子足够的尊重，去倾听孩子的表述。

沐阳妈妈向来将沐阳看作是拥有独立人格的"小大人"，她会真心实意回答孩子提出的问题，也会为孩子送星河叔叔什么样的结婚礼物出谋划策，站在孩子的角度思考问题。

尊重是一种平等、开放的心态，父母要明白尊重不仅是成人间交往的准则，在教育孩子的时候，也要将孩子视为与自己平等的个体，尊重孩子的想法。千万不能自视过高，认为父母说的就是真理，孩子只能做服从者。父母在与孩子就爱情与婚姻进行沟通时，要站在孩子的角度，告诉孩子关于爱情的规则与意义。

因材施教，借爱情观来树立宇宙观

孩子眼中的世界很小，小到只有自己、爸爸和妈妈；孩子眼中的世界也很大，思维经常在星辰与宇宙中遨游。正确的宇宙观是通过生活中点点滴滴的事情来树立的，孩子看世界的方式，来自对自己周遭事物的感知。

在家庭教育中，大多数父母会忽略孩子宇宙观的树立，其实宇宙观即世界观，关乎对世界的认知，青少年时期是塑造世界观的最佳时机，父母万万不能大意，认为这是无关紧要的事情。拥有完整世界观的孩子，可以在遇到难题时，有独当一面的勇气；在生活完满时，也不沾沾自喜于眼前的成就。

当沐阳对爱情懵懵懂懂时，曾经给他的好朋友星河叔叔送了一份结婚“大礼”——一幅画作《幸福指数 2^{64}》。星河叔叔借此机会用沐阳最爱的数字告诉沐阳，18446744073709551616 虽然看起来无限大，但是换成长度，才 0.02 光年，只是浩瀚无垠的宇宙中的沧海一粟。他让沐阳知道，宇宙是无穷无尽的，在人生的某个阶段，爱情会是生命中的重中之重，但是放之人生长河中，值得庆幸与珍惜的事情远不止这一件。

孩子的世界观无法在朝夕间形成，父母要做好引导者与启发者，像星河叔叔一样，在投其所好的同时因材施教，让孩子知道，每个人在宇宙中都是独立的个体，要珍惜自己短暂且唯一的生命，在有限的时间与空间中尽可能让人生的意义无限拓宽。

非吼叫妈妈俱乐部亲子部　董卫娟　供稿

共读时光：参看《沐阳上学记·4·暴躁的兔子软糖》之《神秘的万有引力》。

后　记

如何爱上你的不完美小孩？

您正在阅读的《72 招轻松家教》分为上、下两册，下册将和《沐阳上学记》系列其他分册同步推出。

先来聊聊《沐阳上学记》，作为萧萍教授首创的非虚构儿童新话本，这套书可以说是“真·儿童文学大奖收割机”，2016 年出版，即斩获十多项国家级儿童文学大奖。与此同时，萧萍教授也是人称“萧麻麻”“沐阳妈妈”的教育心理专家，她联合发起并且创立的“非吼叫妈妈俱乐部”在家长圈备受瞩目。

特别是 2020 年，李沐阳成为唯一跳级被剑桥大学最顶尖的三一学院数学系无条件录取的中国学生，这使得历时七年跟踪儿子成长写下的《沐阳上学记》再次被家长们热议。这部宝藏作品不仅是当代中国儿童文学难得的优秀作品，而且其衍生出的“妈妈非吼叫，爸爸回餐桌”“非吼叫妈妈亲子作文操”，以及“动的阅读坊”等科学的家庭教育理念，也获得父母和学校的热烈欢迎。大家迫切需要更多的指导和点拨。

我们编撰的《72招轻松家教》就是在此类需求下创编的家教类图书，来自父母们关心的话题，处处击中教育痛点——如果你从书中看到了似曾相识的烦恼与乐趣，不要惊讶，因为这就是一个普通中国家庭的普通生活。

作为《沐阳上学记》的配套家教书，《72招轻松家教》是72个故事背后的故事，它们揭秘了沐阳从小学一年级到初二成长的另一面，抽丝剥茧地剖析了家庭教育中孩子和父母相处与沟通的秘密——沐阳妈妈展示的看似轻松诙谐的家庭故事，是否蕴含了举重若轻的家教秘密？在看似鸡毛蒜皮的小故事和流水账中，到底有怎样的文学魅力，使其一再获奖？一个作家妈妈培养一个数学小子，有什么秘诀？那些鲜活的生活现场对于我们的家庭教育来说意味着什么？

同时，我们想和大家一起思考，最好的教育到底是什么样的教育？什么样的教育方式才能让孩子更强大？怎么能让一个普通孩子向着期望的方向健康成长：知道冷热，懂得感恩，好好学习，天天向上，能够在每一个学习阶段享受他的成功，获得属于他自己的快乐？

这么抽象的教育理念一旦落到家庭日常，就变成了“拼爹拼娘”。难道要想考入社会公认的心仪名校，男孩、女孩必须就从小进入重点幼儿园、重点小学、重点初中和高中，才能赢在起跑线上？

这恰恰也是我们非吼叫妈妈俱乐部的创立初衷——非吼叫妈妈俱乐部有一群年轻的妈妈，因为育儿焦虑和对孩子的喜爱走到一起，相互倾听，共同前进。在这里你能看到，面对五花八门的教育法，那些拥有硕士、博士学位的母亲也会变得束手无策。

《72 招轻松家庭》的写作分享者都是从事儿童文学、儿童教育和儿童文化传播的相关人士，同时也是 80 后、90 后的妈妈和准妈妈们，对我们而言，与其说是探秘一个家庭的成长秘籍，不如说是通过这次集体写作与分享，让自己心里住着的小孩慢慢变得稳定而强大，从而将这样的美好与温暖传递给自己的下一代，也希望能够帮助更多的家庭和孩子。

“一切都是最好的安排。”——这个世界不存在完美，我们不是完美的家长。或许上苍就是让不完美的我们遇到不完美的小孩，让我们修炼自身的成长，修炼日常爱他人的能力。愿我们都懂得爱，学会爱，更知道如何去爱，用一颗真正宽容幽默的从容心，去拥抱你家的可爱“神兽”吧！

非吼叫妈妈俱乐部亲子部